1. Lesung 02.10.14 – 23.10.14

Pater Zoche

Die sieben Todsünden unserer Zeit

PATER ZOCHE

Die sieben Todsünden unserer Zeit

Econ

Inhaltsverzeichnis

Die sieben Todsünden – ein Überblick

Noch heute erzeugt das Wort *Todsünde* einen Schauer, der wohl auch den Menschen im Mittelalter durch die Glieder fuhr, wenn in donnernden Predigten den Sündern die schlimmsten Höllenqualen angekündigt wurden. Lodernde Flammen, beißender Schwefel, grässliche Fratzen, die in gruseligen Höhlen gespenstisch lachen, dämonische Tänze, unselige Geschöpfe, die mitsamt ihrer Todsünde am unheimlichen Ort der Verbannung gefangen sind; zittrige Gnome, die auf der Zunge ihrer eigenen Geschwätzigkeit reiten, gebückte Hexen mit hakigen Fingern, die sich grün vor Geiz an den Geldbeutel klammern, hässliche Nackte, die in trostloser Einsamkeit ihre schwärenden Wunden betrachten – so stellt Matthias Grünewald den Ort der Verdammnis auf dem Isenheimer Altar dar. Ungezählte Flügelaltäre zeugen noch heute von den Höllenvisionen, mit denen die Gläubigen über Jahrhunderte wirksam verschreckt und eingeschüchtert wurden.

Auch wenn die meisten Menschen im Alltag immer seltener mit künstlerischen Ausgestaltungen der sieben Todsünden konfrontiert werden (es sei denn, sie verirren sich in ein Museum oder in eine Kirche), sind sie so präsent wie eh und je. Dies wird schnell klar, wenn man sich die sieben Todsünden ins Gedächtnis ruft:

1. Wollust/Unkeuschheit (luxuria)
2. Völlerei (gula)
3. Gleichgültigkeit/Trägheit (acedia)
4. Neid (invidia).
5. Zorn (ira)
6. Hochmut (superbia)
7. Habgier (avaritia)

Auch wenn die meisten Menschen heutzutage Probleme hätten, diese sieben aufzuzählen, so dürfte im Großen und Ganzen jedem noch so unreligiösen oder atheistischen Menschen klar sein, dass es um Fehlhaltungen des Menschen geht, die oft etwas mit Unmäßigkeit zu tun haben. Insofern ist es verwirrend und theologisch falsch, von den Todsünden zu sprechen, auch wenn sich das Wort umgangssprachlich eingebürgert hat. Richtig ist die Bezeichnung *Hauptlaster* – und damit sind wir bereits mitten im Thema.

Die sogenannten Todsünden sind nämlich genau genommen Charaktereigenschaften, die erst beim hemmungslosen Ausleben dieser Neigung zur Sünde führen. Diese sieben Charaktereigenschaften entziehen sich der moralischen Bewertung und haben lediglich einen beschreibenden Zweck, ähnlich wie die antike Einordnung der Temperamente in Choleriker, Melancholiker, Sanguiniker und Phlegmatiker. So wie Menschen zu unterschiedlichen Anteilen und je nach Situation cholerisch oder melancholisch, temperamentvoll oder träge sein können, so kennt wohl jeder Mensch Anflüge von Hochmut und Gier, kennt zorniges Aufbrausen und die verführerische Kraft der Geschlechtlichkeit, hat jeder schon einmal die Erfahrung sinnloser Völlerei gemacht, kennt den Neid oder ist schon in sträfliche Gleichgültigkeit verfallen, wo er hätte Position beziehen müssen.

Nach christlicher Vorstellung macht das allein den Menschen noch nicht zum Sünder. Die Sünde entsteht vielmehr erst dann, wenn man diesen Impulsen widerstandslos und immer wieder nachgibt, wenn man nicht gegen die üblen Wucherungen angeht, die diese Charaktereigenarten aus christlicher Sicht in der Seele eines Menschen hervorrufen, so dass sie Überhand gewinnen und den Menschen beherrschen. Die sieben genannten Charaktereigenschaften drängen uns zwar zur Sünde. Aber auch ein Mensch, in dem der Geiz spürbares Übergewicht hat, kann großherzig sein, wenn er bereit ist, an sich zu arbeiten.

Schon im Alten und im Neuen Testament wurden verschiedene Laster kategorisiert. Am Bekanntesten dürfte der Katalog der Zehn Gebote sein, in denen die wichtigsten Fehlhaltungen genannt sind: Verunehrung Gottes, Entheiligung des Sabbats, mangelnde Elternliebe, Mord, Ehebruch, Diebstahl, Lüge und das Begehren. Im Neuen Testament zählt Paulus an verschiedenen Stellen die sogenannten Lasterkataloge auf. So schreibt er zum Beispiel den Korinthern, wie sehr sie sich auf Abwegen befinden, denn »weder Unzüchtige noch Götzendiener, weder Ehebrecher noch Lustknaben, noch Knabenschänder, noch Diebe, noch Habgierige, keine Trinker, keine Lästerer, keine Räuber werden das Reich Gottes erben«.[1]

Es bleibt im Dunkeln, wie und wann im Laufe der Jahrhunderte jene Auflistung der sieben Hauptlaster entstand, die alsbald auch als die sieben Todsünden bezeichnet wurden. Bei dem christlichen Theologen Hugo von St. Viktor (geboren um 1097 bis 1141) findet sich eine Aufzählung der fünf in der Heiligen Schrift enthaltenen Siebenerreihen.[2] An erster Stelle nennt er dort eben jene sieben Laster, die später als Todsünden bezeichnet wurden.

Mutmaßlich wurden sie aus den bestehenden Lasterkatalogen des heiligen Paulus herausdestilliert und wurden wohl zunächst in den mittelalterlichen Schriften, aber auch bei Donner- und Höllenpredigten als Abschreckung für das einfache Volk verwendet. Als griffige und im Sinne der katechetischen Ziele hochwirksame Kurzformel waren sie für die weitgehend ungebildeten Kirchbesucher einprägsam und schon bald so sehr in aller Munde, dass sie unter dem Begriff *Sieben Todsünden* kursierten.

Dass man gerade sieben Sünden auswählte, hängt mit der Vorliebe des mittelalterlichen Menschen für Zahlen, Zahlenreihen und Aufzählungen zusammen. Kenntnisse der Zahlensymbolik gehörten in der Antike zur Allgemeinbildung und spielten in der Alchemie und der Magie ebenso wie in der sakralen Kunst und Architektur eine wichtige Rolle. Und noch heute gilt: Wer eine alte Kathedrale betritt oder ein Gemälde der Renaissance betrachtet, sollte dabei das Zählen nicht vergessen. Die Anzahl der dargestellten Personen, der Fenster oder der Treppenstufen, der Ecken des Taufsteins ebenso wie der Speichen eines Rades oder der Pflanzen auf einem Bild ist oftmals der Schlüssel zur tieferen Bedeutung des Kunstwerks. Nicht von ungefähr hängen die Begriffe *Zahl* und *Erzählen* zusammen, und man kann mit Fug und Recht sagen, dass die Erschließung eines mittelalterlichen Kunstwerkes mit den Zahlen beginnt. Man kann sich mit dem Zählen einem Kunstwerk nähern, und es sich er-zählen.

Schon sehr früh hatte die Zahl sieben eine besondere Bedeutung: Am Anfang der Bibel steht der Schöpfungsbericht, jene Erzählung von der Erschaffung der Welt in sieben Tagen. Das ist einer der vielen Gründe, weshalb die Sieben als »heilig« gilt und zu einem wesentlichen Ordnungsprinzip wurde: die sieben Tage der Woche im weltlichen Kontext ebenso wie etwa die sieben Sakramente im katholischen Ritus oder die sieben Gaben des Heiligen Geistes.

Die Kosmologie des Mittelalters kannte sieben antike Planeten, Sonne, Mond, Merkur, Venus, Mars, Jupiter und Saturn. In der Sieben korrespondierten Makrokosmos und Mikrokosmos. So gab es sieben irdische Metalle: Gold, Silber, Quecksilber, Zinn, Eisen, Kupfer, Blei. Auch der menschliche Körper war nach einem Siebenermuster bestimmt: Kopf, Herz, Arme, Leber, Geschlecht, Schenkel, Füße.

Die Sieben bestimmte die Ordnung der Natur und symbolisierte ein ursprüngliches System, das am Ende, am Sabbat der Zeit, wieder erreicht werden sollte. Die Sieben stand für den idealen Kosmos und die ewige Vollendung.

Im Neuen Testament wird die Sieben ebenfalls häufig verwendet: Von sieben Dämonen war Maria von Magdala besessen, die von Jesus ausgetrieben wurden. Die Bibelwissenschaftler sind nicht müde geworden zu zählen. So haben sie aus dem Vaterunser sieben Bitten herausgelesen, sie zählen auf, dass Jesus insgesamt sieben Sätze am Kreuz spricht – allerdings nur, wenn man die auf alle vier Evangelien verteilten Aussprüche zusammenzählt.

Ebenfalls finden sich in allen vier Evangelientexten insgesamt sieben Stellen, an denen Jesus einen Satz mit: »Ich bin« beginnt. Nimmt man alles, was über den Heiligen Geist gesagt wird zusammen, so kann man von den sieben Gaben des Geistes sprechen. Die Kirche kennt sieben Sakramente (am Anfang waren es mehr, aber sieben sind übrig geblieben), und schließlich ist im Neuen Testament von sieben Werken der Barmherzigkeit die Rede: Hungrige speisen, Durstigen zu trinken geben, Fremde beherbergen, Nackte kleiden, Kranke pflegen, Gefangene besuchen und Tote bestatten. Diese Werke sollen dazu dienen, bestimmte Nöte, in die Menschen kommen können, zu beheben.

Man spricht von den sieben Schmerzen Marias, die zwölf (!) Apostel bestimmten in Jerusalem sieben Almosenpfleger

– heute würde man sie Diakone nennen – als Leitung der Gemeinde.

In der Offenbarung des Johannes, auch das »Buch der Apokalypse« genannt, diktiert der Engel sieben Briefe an sieben kleinasiatische Gemeinden, die in der Vision des Johannes von sieben Leuchtern symbolisiert werden, sieben Engel von sieben Sternen besuchen sie, es werden sieben Siegel des Buches geöffnet, sieben Posaunen künden das Wiederkommen Christi an.

An den vielen Beispielen zeigt sich, dass die Sieben an sich neutral ist, denn sie dient ebenso zur Aufzählung von Unheilvollem wie von Erhebendem. So gibt es beispielsweise in der traditionellen christlichen Tugendlehre sieben Tugenden: Glaube, Hoffnung, Liebe, Klugheit, Gerechtigkeit, Tapferkeit und Maß.

Da die Tugenden in diesem Buch noch eine wichtige Rolle spielen werden, lohnt ein genauer Blick auf sie: Glaube, Hoffnung und Liebe werden als die *göttlichen Tugenden* bezeichnet, die anderen vier als die *Kardinaltugenden,* also als die Grundtugenden des menschlichen Handelns. An der Aufteilung wird deutlich, dass die Sieben auch als Addition von 3 und 4 aufgefasst werden kann. Die Drei ist die Symbolzahl Gottes, sie zeigt sich in der Dreifaltigkeit, und die Vier ist die Symbolzahl der Welt, die sich in den vier Himmelsrichtungen erstreckt. Werden die Grundzahlen 3 und 4 nicht addiert, sondern multipliziert, so kommt man zu der 12, einer anderen bedeutungsvollen Zahl in der mittelalterlichen Symbolik.

In der sakralen Kunst jener Zeit war das Thema der sieben Todsünden beliebt und deshalb weit verbreitet. Holzschnitte, Kupferstiche, Reliefs oder auch Steinmetzarbeiten wie am Turm des Freiburger Münsters schmückten nicht nur die Kirchen und Altäre, sondern hingen in den Versammlungsräumen der Klöster, in Kreuzgängen und in den Sakristeien. Hieronymus Bosch gestaltete auf der Höhe seiner Schaffenskraft eine Tischplatte zu den sieben Todsünden, die heute im Museo del Prado in Madrid bewundert werden kann.

Die sieben Todsünden inspirierten viele Künstler – nicht nur im Mittelalter. Das wohl bedeutendste Kunstwerk der Gegenwart zu diesem Thema stammt von dem Expressionisten Otto Dix. In »Den sieben Todsünden«, die heute in der Staatlichen Kunsthalle in Karlsruhe zu bestaunen sind, geht es deutlicher als auf allen mittelalterlichen Bildern zu demselben Thema um die allegorische Darstellung gegenwärtiger Verfehlungen. Gemalt hat Dix das Bild im Sommer 1933 und nach dem Krieg noch einmal daran gearbeitet, indem er einer Figur einen quadratischen Schnauzbart malte, wie Adolf Hitler ihn trug. Neben anderen die Todsünden verkörpernden Figuren ist auf dem Bild ein Skelett zu sehen, das lachend die Sense schwingt. Mit seinen grotesk abgewinkelten Gliedern bildet sein Körper das Hakenkreuz nach. Von einer Mauer im Hintergrund bröckelt der Putz, auf dem ein Zitat aus Nietzsches »Also sprach Zarathustra« steht: »Die Wüste wächst, weh dem, der Wüsten birgt!« Dix offenbart hier zugleich eine Vorahnung und Kritik am Nationalsozialismus, einer Zeit, in der alles Gute und Menschliche verdorrte und vertrocknete. Die Wüste, die sich im Bildhintergrund andeutet, ist ein lebensfeindlicher Ort.

Das Bild enthält keine Mahnungen wie mittelalterliche Darstellungen zu den sieben Todsünden. Otto Dix klagt an. Aber er bleibt im außerchristlichen Umfeld, was durch das Zitat des großen Atheisten Nietzsche betont wird. Dadurch hat das Bild von Otto Dix etwas Humanistisches. Auf dem Gemälde sind die *sieben Todsünden* keine Sünden, sondern Charaktermerkmale, also genau das, was sie im ursprünglichen religiösen Zusammenhang waren.

Er bedient sich der Ansichten, die im christlichen Umfeld tradiert wurden, und verwendet auch die christlich definierten

»sieben Sünden« für die Titelformulierung, aber er setzt sie in das Hier und Jetzt. Otto Dix zeigt mit seinem Bild auf, was in den Wochen, in denen er es malte, aktuell mit den alten Todsünden in Zusammenhang gebracht werden musste. Er aktualisiert eine tradierte Sichtweise und entreißt sie den Rußschichten mittelalterlicher Flügelaltäre oder Sakristeitischplatten.

Ganz ähnlich verfährt beispielsweise die österreichische Literaturnobelpreisträgerin Elfriede Jelinek. Sie hat auf ihrer Homepage einen sogenannten Privatroman mit dem Titel »Neid« veröffentlicht. Vor jedem neuen Kapitel ist die Tischplatte mit den sieben Todsünden aus dem Madrider Prado abgebildet. Sie transponiert die christlich-mittelalterliche Sichtweise der Todsünden in ihre Romanwelt und gibt ihnen doch ein anderes, eigenes, aktuelles Gesicht.

Auch der große Lyriker Bert Brecht kam um die sieben Todsünden nicht herum. Sein Ballett »Die sieben Todsünden der Kleinbürger«, zu dem Kurt Weill die Musik schrieb, wurde 1933 im Theatre des Champs-Élysées uraufgeführt – allerdings mit mäßigem Erfolg. Brecht prangert in diesem Stück die Scheinheiligkeit bürgerlicher Moral an. Dem Bürger, der fleißig sein und ein Häuschen bauen will, ist jedes Mittel recht, wenn seine Verbrechen nur nicht auffallen.

Auch vor dem Kino hat die Beschäftigung mit den sieben Todsünden nicht Halt gemacht, wie ein französischer Episodenfilm namens »Die sieben Todsünden« (Originaltitel: Les sept péchés capitaux) aus dem Jahre 1961 zeigt. Unterschiedliche Regisseure (wie beispielsweise Claude Chabrol und Jean-Luc Godard) drehten jeweils einen Teil des Ganzen und fügten diese sieben Kurzfilme dann zusammen. Beispielsweise werden zu dem Thema Zorn zwei Männer gezeigt, die jeweils eine Fliege in der Suppe finden. Es entsteht ein Tumult, der immer mehr aus dem Ruder läuft, schließlich zu einer internationalen Krise wird und im Atomkrieg endet. Oder zur Wollust: Zwei junge Künstler erinnern sich in einem Café an Kindheitsphantasien, die Illustrationen von Hieronymus Bosch in ihnen auslösten – mit kuriosen Einwirkungen auf die Gegenwart.

In den folgenden Kapiteln geht es nun ebenfalls um einen neuen Kontext der sieben Todsünden. Genauso wie Künstler und Literaten zu dieser Thematik Position bezogen haben, möchte ich darstellen, zu welchen schlechten Entwicklungen die Fehlhaltungen in der Gesellschaft und beim Einzelnen geführt haben. Allerdings will ich niemanden mit katholischer Lehre, Zahlenmystik und erhobenem Zeigefinger von der Kanzel herab strapazieren. Es geht mir um einen neuen Kontext der sieben Todsünden: Was passiert heute, im Hier und Jetzt, wenn die Menschen ihren Charakterschwächen willenlos nachgeben, sie gar zu Tugenden erheben? Was passiert, wenn die Habgier zur Antriebsfeder der Mächtigen in unserem Lande wird, wenn Korruption, Boni und persönliche Vorteile das Handeln von Wirtschaftslenkern und Politikern prägen? Was läuft falsch in unserem Land, wenn Bürger als Konsumenten nur dann richtig glücklich sind, wenn sie einerseits ungehemmt sich der Völlerei hingeben und sich andererseits dabei auf den Slogan »Geiz ist geil« berufen? Wie spiegeln sich die charakteristischen Merkmale der alten Hauptsünden in bestimmten Geisteshaltungen der Gegenwart wider – und welche Tugenden kann man diesen Charakterzügen entgegensetzen?

Um die Beantwortung dieser Fragen wird es im Folgenden gehen.

Wollust

Warum triebhafte Erfolgsgier keinen Sinn macht

Der Erfolg ist der Ausgeh-Anzug der Wollust

Ende der 1930er Jahre sang Johannes Heesters »Man müsste Klavier spielen können« – und wahrscheinlich wissen die meisten, die diese Zeilen lesen, wie der Satz weitergeht: »wer Klavier spielt, hat Glück bei den Frauen«. Es entspricht der Erfahrung, dass Mann (dieses eine Mal sei diese Schreibweise gestattet) etwas bieten muss, um Glück, sprich: Erfolg bei den Frauen, zu haben. Oder gibt es tatsächlich Frauen, die sich freiwillig mit einem »Loser« einlassen? Kurz gesagt: Erfolg macht sexy. Seit Anbeginn der Menschheit liegt es in unseren Genen: Erfolg erlaubt Rückschlüsse auf Stärke, und Stärke ist die beste Voraussetzung für den Arterhalt.

Erfolg zu haben ist also eine wichtige Triebfeder des Menschen. Jeder strebt danach, und wer das Gegenteil behauptet, der tut es heimlich (oder stilisiert das Scheitern zu einem persönlichen Erfolg, wie es unter Künstlern immer wieder geschieht).

Erfolg – so vermittelt es der Erfolgreiche – ist etwas Großartiges, Berauschendes, Erfüllendes. Und ich sehe schon die Theologen mit erhobenen Zeigefingern, die den jüdischen Religionsphilosophen Martin Buber zitieren: »Erfolg ist kein Name Gottes«. Falsch: Es gibt jenen Gott des Erfolgs, und ihm wird heute gewissenhafter gehuldigt als jedem anderen Gott in der Geschichte.

Die Zeiten, in denen die christliche Religion des Kreuzes

und des Scheiterns (auf das die Auferstehung folgt) die alles beherrschende Macht war, sind längst vorbei. Aufklärung und Säkularisierung verdrängten die Religion. Doch die Menschen brauchen offensichtlich etwas, woran sie glauben, woran sie sich orientieren können, und so brachte das 20. Jahrhundert einen neuen Götzendienst hervor: den unbedingten Glauben an Kapital, Rendite und Erfolg. Sie sind an die Stelle des gestürzten Gottes getreten. Ihre neuen Priester tanzen erfolgsbesessen um das goldene Kalb, wie einst Israel im warmen Wüstensand des Sinai.

Glaubensinhalt war früher Gott. Heute glaubt man an die Machbarkeit des Erfolgs. Galt früher nur Gott als allmächtig, so hat der Mensch sich diese Allmachtsphantasien längst angeeignet. Das Credo von heute heißt: Wer Erfolg hat, dem stehen alle Türen offen. Erfolg, Rendite, Kapital – das ist die neue Dreifaltigkeit. Weltweit vertriebene Waren, die Modernität, Freiheit und Lebensfreude symbolisieren, tragen, umgeben vom Nimbus des Erfolgs, ihre Heilsbotschaft bis in den letzten Winkel der Erde.

Als die Kirche noch das Sagen hatte, schickte sie ihre Missionare aus, die ihre Lehren zu den Menschen brachten. Heute ist die ganze Welt von der Allmacht des Geldes infiziert; die Global Player missionieren auch die Menschen, die von der Moderne bislang noch verschont geblieben sind: Sie eröffnen McDonald's-Filialen in Bangladesch und Kasachstan oder Luxus-Boutiquen in Ländern, in denen Bürgerkriege toben.

Luxusartikel und Markenprodukte haben den Status, den früher Heiligenreliquien genossen, und werden statt ihrer erfolgsberauscht angebetet. Die neue Katechese des Erfolgs arbeitet mit allen Mitteln: Die Erfolgreichen werden das Land besitzen. Der Markt feiert sich selbst in allen Formen und Farben. Was früher die Türme der Kirchen, Dome und Kathedralen waren, sind heute Bank- und Versicherungspaläste: unglaublich viel höher und ehrfurchtgebietender als die mickrigen Bauten aus vergangener Zeit.

Die neuen Prediger des Erfolgs füllen Säle und Stadien, in denen sie den erlösungsbedürftigen Gläubigen verkünden: Kehrt um von eurem Weg glanzloser Mittelmäßigkeit, seht euch um, denn der Erfolg liegt auf der Straße, ihr müsst ihn nur ergreifen. Money money money must be funny in a rich man's world.

Da haben die meisten Menschen schlechte Karten; die Schere zwischen Arm und Reich geht heute so weit auseinander wie noch nie. Mögen die selbst ernannten Erfolgsgurus noch so sehr ihre Parolen vom Erfolg, den man umarmen müsse, durch nimmermüde Wiederholungen verbreiten; mögen sie noch und nöcher ihre beschwörenden Losungen flüstern; mögen sie mit prophetischen Bildern und apokalyptischen Verheißungen den Erfolg heraufbeschwören wie einen willfährigen Geist: Für diejenigen, die sich auf der Seite der Armut befinden, sind derartige Devisen nur hohnvoller Zynismus. Für sie scheinen die kernigen Sprüche vom Erfolg, der auf der Straße liegt, nicht zu gelten. Und zur der Parole, dass man dem Erfolg nur entgegenlaufen müsse, können sie nur müde mit den Schultern zucken. Manch einer ist froh, wenn er überhaupt Arbeit hat und sich nützlich machen kann. Den Traum vom großen Geld, den träumen andere.

Meistens sind es die, die ohnehin Arbeit, Erfolg und so viel Geld haben, dass sie es nicht ausgeben können. Betrachtet man sich diese Menschen genauer, dann stellt sich eine Frage immer wieder: Weshalb können diejenigen, die Erfolg und mehr Geld als nötig haben, nie genug davon bekommen? Manch einer träumt davon, einmal zu so viel Geld zu kommen, wie ein anderer im Jahr verdient – viele würden sich damit zur Ruhe setzen. Jemandem, der erfolgreich ist, würde es jedoch keineswegs einleuchten, warum er sich mit weniger bescheiden sollte. Das macht sie ja oft so unsympathisch, die Erfolgreichen: Sie können einfach nicht genug bekommen.

Der Erfolg macht offenbar nicht nur sexy, sondern wollüstig. Und schon sind wir bei der alten Sünde der Wollust angelangt. *Luxuria* heißt sie bezeichnenderweise auf Latein – üppige Fruchtbarkeit. Das gar nicht so keusche Mittelalter nannte diese Sünde deshalb auch die Unkeuschheit, besser noch: Geilheit. Vielleicht grassiert der Begriff »geil« in den letzten Jahren so sehr, weil er in unbewusster Prägnanz den Zeitgeist wiedergibt.

Erfolg macht geil und entspringt dem gleichen Antrieb wie die Lüsternheit. Erfolg ist einladend verführerisch; vom Erfolg kriegt man nie genug. Er ist wie ein Trieb, der ständig befriedigt werden muss: Aktionäre wollen immer wieder neue Erfolgsmeldungen ihres Unternehmens hören, und auch privat muss auf der Karriereleiter eine Stufe nach der anderen genommen werden, damit das Ego weiter gefüttert wird und man mithalten kann.

Erfolg hängt von sehr vielen Faktoren ab, wird aber gängigerweise nach einem einzigen Kriterium beurteilt. Dazu genügt ein Blick ins Portemonnaie, aufs Bankkonto oder ins Aktiendepot: Wer Geld hat und dies durch seinen Lebensstil zeigt, der gilt als erfolgreich. Doch genau das ist ein Missverständnis, denn Erfolg ist eine »leere Menge«, um es mit einem Begriff aus der Mathematik zu beschreiben. Ob etwas als Erfolg zu bezeichnen ist, hängt von sehr vielen und sehr unterschiedlichen Bedingungen ab. Ein Müßiggänger hält sich für erfolgreich, wenn er seinen Müßiggang fortsetzen kann, und ein Workaholic hat Erfolg, wenn er stets beschäftigt ist. Die Definition von Erfolg wird durch das bestehende Welt-, Menschen- und Wertebild des Einzelnen bestimmt. Erfolg ist eine Frage der Prägung und des soziokulturellen Umfeldes, der ethnischen Zugehörigkeit, des Bildungshintergrunds. Was ein

Mensch als Erfolg bezeichnet, kann ein anderer als schwere Sünde empfinden.

Zweifellos hängt die subjektive Erfolgsbewertung mit der Sinnfrage zusammen. Das lehrt schon die Erfahrung; ohne Sinn scheint alles nichts wert zu sein. Eine Erkenntnis, die zum Beispiel immer dann einbricht, wenn die Boulevardpresse unter dem die Häme kaum verbergenden, schlecht sitzenden Mantel der Betroffenheit wieder und wieder über die Misserfolge der Reichen und Schönen dieser Welt berichtet. Ein leises Raunen macht dann die Runde: Da kann man mal sehen, dass Erfolg auch nicht alles ist. Auch die Erfolgreichen haben Probleme: Sie durchleben persönliche und berufliche Krisen und lassen sich scheiden. Sie erkranken an Magersucht oder müssen genauso wegen Trunkenheit am Steuer in den Knast wie andere auch. Eine Feststellung von trüber Banalität, die sich durchaus auch auf anderem Wege gewinnen ließe als durch die voyeuristische Lektüre von Klatschblättern.

Natürlich ist Erfolg nicht alles. Was nützt er einem Menschen, wenn der Sinn auf der Strecke bleibt, der bedauerlicherweise mit allem Geld der Welt nicht zu kaufen ist? Die Wollust, in die die Erfolgsgier den Menschen treiben kann, nimmt ihm die Zeit, sich mit der Sinnfrage zu befassen. Getreu dem Motto, dass die lange Bank des Teufels liebstes Möbelstück ist, wird die Sinnfrage auf ebendiese geschoben. Das mag lange gut gehen – aber nicht ewig. Irgendwann macht jeder die einschneidende Erfahrung, dass alles, was in seinem Leben bisher als Erfolg galt, von einer Sekunde auf die andere unwichtig erscheint. Die Diagnose Krebs, ein Autounfall, der Tod eines nahestehenden Menschen – Erfolg ist kein Trost, wenn man mit solchen Schicksalsschlägen konfrontiert wird.

Wenn ein Nachbar, Freund oder Arbeitskollege eine niederschmetternde Nachricht bekommt, wird man ihn nicht mit dem Hinweis auf seine Erfolge und seine finanzielle Situation trösten können. Und es gibt sicherlich im Leben eines jeden Menschen Augenblicke, in denen er allen Besitz hergeben würde im Tausch gegen etwas, das ihm wieder festen Boden unter den Füßen gibt.

Wenn man den Sinn kaufen könnte, wären viele Menschen sicher bereit, dafür ein Vermögen zu zahlen. Dabei gibt es den Sinn quasi kostenlos; man muss ihn sich nur zur Fragestellung machen und sich auf den Weg begeben, ihn zu suchen und zu finden – das Erkunden von neuen oder unbequemen Pfaden und lebensverändernden Herausforderungen inbegriffen. Doch stattdessen tragen die vom Erfolg Erschöpften ihr Geld zu fragwürdigen Motivations- und Lebenshilfe-Seminaren, um sich dort an einem Wochenende eine Portion »Instant-Sinn« zu gönnen.

Ich war einmal bei einer Familie zum Kaffee eingeladen, und es saßen noch ein paar andere junge Eheleute in der Runde, die ihre Kinder bei sich hatten. Sie spielten relativ ruhig, doch nachdem es ihnen wohl ein wenig zu langweilig geworden war, suchten zwei der Jungen, beide ungefähr sieben Jahre alt, den Kontakt zu mir. Ich versuchte, mit ihnen ins Gespräch zu kommen und fragte – zugegeben etwas großväterlich –, was sie denn später einmal werden wollen. Der eine antwortete mit glänzenden Augen, er wolle Baggerfahrer werden, und der andere sagte, er wolle einmal ganz reich sein und eine große Villa mit Pool haben. Ob er nun tatsächlich seine eigene Vision wiedergab oder die seiner Eltern, sei dahingestellt. Doch welcher der beiden Jungen ist wohl der psychisch Gesündere?

Man kann es drehen und wenden, wie man will: Immer wieder wird klar, dass es in erster Linie nicht auf den Erfolg ankommt, sondern auf den Sinn. Und für welchen kleinen Jungen liegt dieser nicht im Baggerfahren?

Wenn ein Mensch wenigstens für den Augenblick die Frage

nach dem Sinn in seinem Leben beantworten kann, dann kann er sich auch um den Erfolg kümmern. Wer den Erfolg jedoch direkt anzielt, ohne sich selbst und sein Handeln zu hinterfragen, pervertiert das menschliche Sinnstreben zu einem bloßen Trachten nach oberflächlichen Erfolgserlebnissen.

Viele glauben, dass der Erfolg die Antwort auf alle Sinnfragen enthält, doch das ist ein Irrtum. Die alte Todsünde der Wollust kommt zwar in einem neuen Gewand daher, aber in ihm steckt dasselbe Gespenst, das seit Jahrtausenden den Menschen den Kopf verdreht und sie von der einzig wichtigen Frage abbringt: Was ist der Sinn meines Lebens?

Die Motivationstrainer, Heilskünder der heutigen Zeit, verklären den Erfolg zum Schlüssel für ein glückliches Leben. Und ehe man sich versieht, ist man der Wollust zum Opfer gefallen. Das ist vielleicht das Perfide an dieser Sünde: Die Vision von einem geglückten Leben degeneriert zu der Vorstellung eines luxuriösen Nichtstuns. Wer den Sinn seines Lebens darin sieht, Erfolg zu haben, hat den Sinn schon verraten und verkauft. Der Erfolg ist ein Nebenprodukt des Sinnstrebens und nur dann auf Dauer befriedigend, wenn die Sinnfrage geklärt ist.

Wie findet man nun den Sinn?

Der Antwort auf diese Frage kann man sich über die Wortbedeutung von *Sinn* nähern. Die sprachliche Wurzel des Wortes liegt in der Spätantike und im Frühmittelalter in Mitteleuropa. Unsere Vorfahren waren jahrhundertelang nicht sesshaft, und noch in der ausgehenden Antike und im beginnenden Mittelalter zogen die meisten europäischen und asiatischen Volksgruppen mehr oder weniger ziellos umher. Sie waren entweder auf der Flucht vor Kriegen, auf der Suche nach Weide- und Ackerland oder einfach aus Reiselust unterwegs. Nun sammelten die Menschen auf ihren Wanderungen bestimmte Erfahrungen. Sie lernten, wie man die Zeichen des

Himmels interpretiert, welche Früchte man essen kann, welche nicht – was ja bei Pilzen eine durchaus lebenserhaltende Kenntnis ist. Abends bauten sie mit ihren Wagen ein burgartiges Rondell, in dessen Mitte sich das Lager befand. Es wurde ein Feuer angezündet, friedlich in die Glut geschaut und leise (damit die Kinder nicht erwachten und das Vieh nicht erschreckte) erzählt. Man berichtete, was man erlebt und welche Erfahrungen man gesammelt hatte.

Es ist symptomatisch für unsere Vorfahren, dass sie nahezu alles Erlebte in Geschichten weitererzählten, wie besonders Arno Borst, einer der wichtigsten Mediävisten des vergangenen Jahrhunderts, immer wieder gesagt hat. Er hat darauf hingewiesen, man müsse den Menschen in seiner Zeit hören und nicht von unserer Zeit her zu verstehen versuchen. Im Umfeld dieses Geschichtenerzählens ist auch das Wort, um das es hier geht, angesiedelt: das althochdeutsche Verb *sinnan.*[3] Von diesem Wort wurde im 19. Jahrhundert dann auch das Verb *sinnieren* gebildet. Dieses weist in unserem Zusammenhang auf, was die Lagerfeuergespräche unserer Vorfahren mit *Sinn* zu tun haben.

Vieles bleibt bei dem Wort *Sinn* etymologisch im Dunkeln, aber sicher ist, dass der Begriff *sinnan* etwas mit Reisen und Wandern zu tun hat. Das althochdeutsche Wort *sinnan,* von dem sich das heutige Wort Sinn herleitet, hat die Bedeutung »reisen, beistehen, sich um etwas kümmern«. *Sinnan* bedeutet die Weitergabe von unterwegs gesammelten Erfahrungen. Man kann also sagen:

Nur wer zum Weggehen bereit ist,
nur wer sich bewegt
und bewegen lässt
nur der, der unterwegs ist
wird den Sinn finden.

Kein Mensch wird Sinn finden, wenn er herumsitzt und die Fliegen an der Wand zählt. Der Sinn offenbart sich nicht durch Nichtstun oder Abwarten – und auch nicht kontemplativ. Sich betrachtend in das Ewige oder Göttliche zu versenken ist nur dann möglich, wenn die Sinnfrage grundsätzlich geklärt ist.

Im Laufe des Lebens wird sich jeder Mensch immer wieder neu mit der Sinnfrage auseinandersetzen müssen. Diese ist nie ein für alle Mal geklärt. In jeder neuen Lebensphase und bei allen weitreichenden Entscheidungen stellt sich auch die Frage nach dem Sinn. Sie kommt immer – sie muss kommen und erfordert eine Antwort.

In vielen Fällen laufen die Prozesse der Infragestellung, der Neuorientierung und des Weitergehens (mit oder ohne Richtungswechsel) sehr unspektakulär ab und summieren sich in der Gesamtschau zu dem, was man recht unspektakulär den Lebensweg eines Menschen nennen könnte. Lebenspraktisch heißt das: Lieber hundert Mal in die falsche Richtung laufen, lieber immer und immer wieder in Sackgassen landen und umdrehen, lieber mal auf den Bauch fallen, als überhaupt nicht loszugehen. Es gibt nichts Kontraproduktiveres als die Passivität und den Stillstand. Wer den Sinn finden will, der muss sich bewegen.

Vorausgreifend auf das Kapitel über den Zorn sei hier schon darauf hingewiesen, dass auch der Begriff Motivation auf das lateinische Wort für Bewegung zurückgeht. Ein Motiv ist ein Be-*weg*-grund, der Antrieb, weshalb sich ein Mensch überhaupt be*weg*en soll. Die Bewegung – im Sinne des gebräuchlichen Verständnisses von Motivation – ist sehr eng mit der Wortbedeutung von Sinn verknüpft. Jedes Motivationstraining wird hoffnungslos oberflächlich bleiben, wenn dieser Zusammenhang nicht gesehen und berücksichtigt wird; auf Dauer wird man einen Menschen nicht dazu ermutigen können, etwas zu bewegen, indem man ihn unter Druck setzt, sondern nur dann, wenn man ihm hilft, einen Beweggrund, ein Handlungsmotiv, zu finden. Der Grund aller Bewegung ist der Sinn. Wenn das Motiv jedoch ausschließlich auf Erfolg ausgerichtet ist, entsteht kein echter Beweggrund, sondern nur hektische Bewegung in die falsche Richtung.

Was aber ist Sinn genau?

Wenn ein Mensch innerlich dem zustimmen kann, was ihm begegnet, erlebt er das positive Gefühl von Richtigkeit und Stimmigkeit. Entscheidend aber ist, dass der Mensch zu dieser Erfahrung beitragen muss. Er ist kein unbeteiligter Zuschauer in seiner Welt und des Geschehens um ihn herum, sondern die Sinnerfahrung kommt nur durch ihn zustande – so wie ein Bild nur durch den Maler entsteht.

Der Mensch bestimmt weitgehend selbst, was für ihn Sinn hat und was nicht. Sinnfindung ist deshalb ein schöpferischer Akt, weil man dabei immer wieder versucht, seine innere Vorstellung mit der äußeren Welt in Übereinstimmung zu bringen. Nun ist Erfolg sicherlich auch eine Art Übereinstimmung von inneren Vorstellungen und äußeren Gegebenheiten und ähnelt gerade in emotionaler Hinsicht tatsächlich der Sinnerfahrung. Erfolg erzeugt ein berauschendes Gefühl, doch er ist in seiner triebhaften Wollüstigkeit ein denkbar ungeeigneter Indikator für den richtigen Weg.

Erfolg und Wollust lösen beide ein wundersames Gefühl des Glückes aus, und beide liefern keinerlei Möglichkeiten, dieses Empfinden in ein Großes und Ganzes einzuordnen und über den Moment hinweg zu konservieren. Sie erzeugen keine ethische Substanz und genügen sich selbst. Der Erfolg verpufft schnell, und dann beginnt die neue Hatz. Nur der Mensch, der innehält und sich fragt, ob das, was er da tut und anstrebt, tatsächlich sinnvoll ist, kann diese Rastlosigkeit unterbrechen. Die Aneinanderreihung einzelner Erfolgserlebnisse muss insgesamt als Irrweg erscheinen, wenn sich die Sinnfrage dazwischendrängt.

Das Wort Erfolg wurde in den letzten Jahren inflationär verwendet, weil es in seiner Begriffsleere in nahezu jedem Zusammenhang einsetzbar ist. Dass die Verheißungen, die von diesem Begriff ausgehen, genauso leer sind wie der Begriff selbst, machen sich die Menschen oft nicht klar. Sie nehmen den Begriff »Erfolg« nur zu gern für bare Münze, als eine Kurzformel für ihr Lebensziel. An die 5000 Bücher tragen das Wort in ihrem Titel, versprechen Erfolg in der Partnerschaft und im Beruf, zählen die 7, 12 oder 20 Erfolgsgesetze herunter, die beim Abnehmen, Unabhängigwerden oder bei der Gehaltsverhandlung helfen. Der Markt der Versprechungen blüht eben nicht nur im Seminargeschäft, sondern auch im Buchhandel.

Dass sich solche Bücher in allen Varianten verkaufen wie geschnitten Brot, lässt eins vermuten: Derartige Versprechungen kommen beim Kunden als Appell an die völlig irrige Vorstellung an, dass sich mit dem Erfolg der Sinn schon einstellen wird. Doch das neuzeitliche Credo »Erfolg macht Sinn« verkürzt den Menschen gerade um das Wesentliche seiner Existenz.

Es gehört zu den Grundlektionen des Lebens, zu lernen, dass Erfolg und Sinn zwar nahe beieinander liegen, aber dennoch sehr unterschiedlich sind, denn es gibt zutiefst sinnvolle Tätigkeiten, die wenig Erfolg im wirtschaftlich-finanziellen Sinne versprechen. Dazu gehört in unserer Gesellschaft beispielsweise die Kindererziehung. Sie liegt jenseits dessen, was in den Begrifflichkeiten von Erfolg erfasst werden könnte, aber keiner wird bestreiten, dass es eine sehr sinnvolle Beschäftigung ist. Ebenso sind die Sozialberufe zwar sehr sinnvolle Tätigkeiten, aber sie führen nicht zu Erfolg im Sinne eines guten Einkommens oder hohen Status. Derartige Tätigkeiten wird nur jemand ausüben, dem es um die Sinnerfüllung in seinem

Leben geht und nicht darum, um jeden Preis erfolgreich sein zu wollen. Es ist ein reife und leider auch seltene Lebenshaltung, in ruhiger Zähigkeit den Sinn und nicht in erster Linie den schnellen Erfolg zu suchen.

Erfahrungen brauchen ihre Zeit. Und die fehlt heute meistens. Die Schnelllebigkeit, das Nervöse und Ungeduldige führen dazu, dass der Mensch immer rastloser und fahriger wird. Die Geduld ist zu einer seltenen Tugend geworden, die folgendes als Gebet getarntes Bonmot schön auf den Punkt bringt: »Lieber Gott, gib mir Geduld – aber schleunigst!«

Ob etwas als sinnvoll erlebt wird oder nicht, hängt von sehr vielen subjektiven Faktoren ab. Aber grundsätzlich gilt das, was der Psychoanalytiker Viktor Frankl einmal über den Sinn gesagt hat: Das Leben hört »buchstäblich bis zu seinem letzten Augenblick, bis zu unserem letzten Atemzug, nicht auf, Sinn zu haben. Es hat sich nämlich herausgestellt, dass sich im Leben Sinn finden lässt, grundsätzlich unabhängig von der Geschlechtszugehörigkeit eines Menschen und von seinem Alter, von seinem Intelligenzquotienten und von seinem Bildungsgrad, von seiner Charakterstruktur und von seiner Umgebung, und schließlich hat sich nachweisen lassen, dass der Mensch Sinn finden kann unabhängig davon, ob er religiös ist oder nicht, und für den Fall, dass er religiös ist, wieder unabhängig davon, welcher Konfession auch immer er angehören mag.«[4]

Sinnerfahrung ist für jeden Menschen möglich und notwendig, dieser Lebensaufgabe kann sich niemand entziehen. Die Sinnfindung ist die ursprünglichste Form der Selbstverwirklichung. Diese Selbstverwirklichung ist nicht nur ein Recht, sondern auch eine Pflicht. Der Mensch, der fähig zur Erfahrung des Sinnes ist, muss sich dessen immer neu bewusst werden und stets neue Auswege aus dem Unsinn suchen.

Erfolg, der der Frage nach dem Sinn nicht standhält, kann letztlich gar nicht als Erfolg bezeichnet werden. Zum Erfolg gehört als wesentlicher Bestandteil nämlich auch, dass er dem Sinn nicht widerspricht. Es geht eben nicht um Erfolg um jeden Preis, sondern um den Sinn. Der Sinn ist die Grundlage für den Erfolg, und erst dann, wenn der Erfolg tief im Sinn verwurzelt ist, kann man tatsächlich von Erfolg sprechen. Kurz gesagt: Sinnloser Erfolg ist schlimmer als erfolgloser Sinn.

Sinn und Erfolg widersprechen sich nicht, aber sie haben eine je andere Gewichtung, denn der Sinn ist grundlegender. Der Sinn ist das Fundament für den Erfolg. Wenn der Erfolg nicht an die Sinnfrage gebunden ist, sondern frei schwebend und unabhängig von ihr entsteht, dann ist er letztlich das Resultat geistloser Gier. Derjenige, der Antworten auf die Sinnfrage gefunden hat, definiert Erfolg vollkommen anders als jemand, der mit der Unruhe bornierter Erfolgsbesessenheit durch dieses Leben hetzt, ohne sich je Gedanken um die Antworten auf die Sinnfrage gemacht zu haben. Sinn ohne Erfolg offenbart den Charakter – Erfolg ohne Sinn zerstört den Charakter.

Das Erfolgsstreben des modernen Menschen entspringt der alten Todsünde der Wollust; nun liegt auf der Hand, worin die Tugend besteht, die diese Sünde umkehrt. Das positive Gegenteil der Erfolgsgier ist die Bescheidenheit. Sie ist die Tugend, durch die das Erfolgsstreben gedrosselt wird. Die Bescheidenheit holt die Erfolgsgier aus ihrem Hamsterrad, sie verhindert, dass der Mensch in wollüstiger Erfolgsgier sich anscheinend immer schneller fortbewegt, während er doch tatsächlich auf der Stelle tritt und gar keinen Weg geht. Erst die Bescheidenheit macht den Weg frei für die Sinnsuche.

Am Ende des Lebens wird sich keiner für den Erfolg eines Menschen interessieren – der Mensch selbst nicht und auch Gott nicht, allenfalls die Erben. Was wirklich zählt, ist die Antwort auf die Frage nach dem Sinn, und diese weist über das Hier und Jetzt hinaus.

Der Erfolg ist etwas rein Weltliches, er gehorcht bestimmten Gesetzmäßigkeiten, die die Menschen selber definieren. Der Sinn hingegen weist den Menschen über sich hinaus. Deshalb hat man mit jedem Sinnerlebnis auch an einer geistigen Welt teil, die der Mensch nicht selber gemacht hat, sondern der er sich verdankt.

Völlerei

Warum wir uns nicht an
Erfahrungen überfressen sollen

Erfahrung ist oft das, was man bekommt,
wenn man nicht bekommt, was man eigentlich will.

Erfahrungen haben Konjunktur. Keine Sitzung, kein Meeting, keine noch so unwichtige Zusammenkunft, an deren Ende nicht wortreich zu Protokoll gegeben werden muss, was die Veranstaltung mit uns gemacht hat, welche Erfahrungen wir sammeln durften. Unter den Slogans Manöverkritik, Evaluation und Selbstevaluation werden die gemachten Erfahrungen protokolliert oder in Checklisten erfasst. Ob und wie sie dann ausgewertet werden, das steht auf einem anderen Blatt. Weniger systematisch, aber genauso nervend sind die Erfahrungsaustausche im privaten Umfeld und Freundeskreis, wo man sich dem endlosen Gefasel und geistlosen Gelaber kaum entziehen kann, wenn man nicht irgendwann allein daheim sitzen will. Aber wer hat sich nicht schon mal übersättigt gefragt, wo bei der ganzen Erfahrungsaustauscherei denn die Inhalte bleiben? Ich kann jeden verstehen, der es leid ist, sich ständig die ach so wichtigen Erfahrungen anderer anhören zu müssen und der es genauso satt hat, die eigenen Erfahrungen zur allgefälligen Diskussion zu stellen.

Erfahrungen zu machen und diese dann ausführlich zu schildern scheint für viele Menschen ein zentrales Lebensprojekt zu sein, als hätte jeder ein einklagbares Recht darauf, alle möglichen Erfahrungen selber zu machen. Und wehe, Vorgesetzte oder Erziehungsberechtigte schieben dem einen Riegel vor.

Kinder und Jugendliche behaupten mit trotzigem Blick, die

Erfahrungen der Eltern interessierten sie nicht, und sie zögen es vor, ihre Erfahrungen selbst zu machen. Jede Dummheit wird damit gerechtfertigt, etwas selbst ausprobieren zu müssen. Torheiten, die mit Blick auf die Erfahrung anderer bereits im Vorfeld als solche erkannt worden wären, stehen im Rang bedeutender Lerninhalte. Wer beispielsweise ein Superschnäppchen macht und ein paar unglaublich billige Schuhe kauft, der macht keine bedeutende und neue Erfahrung, wenn diese nach drei Tagen aus dem Leim gehen – selbst wenn er sich damit tröstet, nun um die Erfahrung klüger geworden zu sein, dass man bei einem Billigdiscounter keine hochwertigen Schuhe erwarten darf. Wer bei Schnee und Glatteis zu schnell fährt und dadurch einen Unfall verursacht, ist zwar tatsächlich um eine Erfahrung klüger, aber diese banale Erkenntnis hätte er auch billiger haben können. Und schließlich: Wer merkt, dass Untreue unglücklich und die Ehe kaputt macht, zahlt einen hohen Preis für eine Erfahrung, die er sich hätte sparen können, weil sie vor ihm schon zigtausend andere gemacht und davon berichtet haben.

Viele Erwachsene versuchen Erfahrungen zu machen, die sie als Jugendliche längst hätten gemacht haben können. Der Jugendwahn unserer Zeit bewahrt offensichtlich auch ältere Menschen nicht vor Erfahrungen, auf die sie als junge Menschen hatten verzichten müssen. Sie biedern sich den Jugendlichen und oft genug ihren eigenen Kindern an, indem sie sich in ihren Discos blicken lassen, ihre Klamotten tragen und dieselbe Sprache mit denselben Kraft- und Gossenausdrücken verwenden (was die eigenen Eltern nie zugelassen hätten). Man will – und sei es für den hohen Preis der Lächerlichkeit – Erfahrungen machen, die einem verwehrt geblieben waren. Man möchte sich einen Jugendtraum erfüllen: »Es war immer mein Traum, ein Cabrio zu fahren« – und vergisst ganz, dass man irgendwann nicht mehr den Fahrstil hat, der zu einem schnellen Cabrio dazugehört und nicht mehr die körperliche Beweglichkeit, um vernünftig ein- und aussteigen zu können. Fünfzigjährige (modern gesagt: »Ü-50«) kaufen sich Motorräder und knattern in engen Jeans durch die Dörfer, in der Hoffnung darauf, dass vielleicht ein paar noch ältere Menschen ob dieses abenteuerlichen Aufzugs beeindruckt sind.

Eine Erfahrung zu machen ist das eine. Die meisten möchten jedoch auch in aller Ausführlichkeit und Öffentlichkeit davon berichten – und hier wird es dann oft richtig peinlich. Sportler von noch nicht einmal dreißig Jahren schreiben ihre Lebensbeichte, infantile Popstars enthüllen die Geheimnisse ihres bisherigen Lebens, und Fernsehmoderatoren berichten von ihrem Weg zur spirituellen Erleuchtung. Dass sich viele Menschen für die Erfahrungen von echten und Möchtegern-Promis interessieren, ist schlimm genug. Doch inzwischen sind sogar die Buchläden voller Autobiographien von Hinz und Kunz, und es gibt Zeitschriften wie »Meine Geschichte«, in denen auch Susi aus dem Allgäu und Heinz aus Wanne-Eickel von ihren Erfahrungen in der Beziehung, im Job oder bei Schicksalsschlägen berichten. Und dann gibt es da noch die vielen Blogs im Internet, in denen Menschen ihre Ansichten verbreiten und Erlebnisse zur Schau stellen.

Von allen Seiten werden wir mit Erfahrungen zugeschüttet – zu unseren eigenen kommen jetzt auch noch die fremden. Es grenzt schon an Völlerei; stumpfsinnig stopfen die Menschen Erfahrungen in sich hinein wie der Hamster die Körner. Die Fresssüchtigen unserer egomanen Selbsterfahrungsgesellschaft zelebrieren sich selbst; und genau wie die Völlerei im Wesentlichen durch Unmäßigkeit gekennzeichnet ist, so gründet der unersättliche Erfahrungshunger auf reiner Maßlosigkeit.

Völlerei ist die Todsünde, die am deutlichsten von den Merkmalen der Sucht gekennzeichnet ist. Völlerei wird betrieben trotz besseren Wissens, sie ist rational nicht mehr zugänglich.

Begeistern lässt sich der Erfahrungshungrige nur von dem, was seine Gefräßigkeit befriedigt. Ständig ist er auf der Suche, wie der Jäger auf der Pirsch. Dabei hat er gar keinen Hunger mehr, seine Völlerei zerquetscht jedes tatsächliche Bedürfnis. Seine Sucht sitzt im Kopf. Er ist kein Feinschmecker, kein Nascher. Die Gefräßigkeit wählt nicht aus, sie nimmt alles und stopft es hinein. Nie ist es genug, nie ist der Trieb befriedigt; die Jagd wird nie zu Ende sein.

Die Erfahrungssüchtigen pressen alles mit großem Interesse in sich hinein; sie mästen sich mit Tratsch, mit Gerüchten, Geschwätz und Gerede. Jede Kleinigkeit interessiert sie, jedes Geschwafel, und jeder Klatsch wird noch nachgestopft. Bedient wird die Sucht von der Boulevardpresse mit anspruchslosen kleinen Artikeln über Gott und die Welt, aus denen banale Lebensweisheiten gebacken werden – mundfertig zum gefräßigen Konsum.

Produkte, die kein Mensch braucht, werden produziert, angeschafft, getestet und erprobt. Und der Mensch will sie haben – und damit teilhaben an den Erfahrungen der Gemeinschaft. So wird das Leben zur ständigen Versuchsanordnung, zum ständigen Experiment. Alles muss ausprobiert werden. Zuallererst das neue Handy, das noch mehr kann und noch schöner aussieht. Es wird zum unverzichtbaren Lifestyle-Accessoire, das die Schlagzeilen länger beherrscht als eine Hungerkatastrophe oder ein Krieg in einem afrikanischen Land.

Jeder will Erfahrungen sammeln, aber nur wenige sind bereit, daraus zu lernen. Jeder will seine Erfahrungen weitergeben, aber kaum einer will wirklich auf die Erfahrungen der anderen hören. Es gibt Erfahrungen, die keiner machen will, die aber jeder machen muss, und solche, die man nicht braucht, die aber jeder sucht. Und es gibt Erfahrungen, die man durchs Scheitern macht – das Ziel wurde zwar nicht erreicht, man ist aber um eine Erfahrung reicher.

Eines ist sicher: Die Erfahrungen, die wir machen, sollten in einem vertretbaren Verhältnis zu dem stehen, was sie uns »gekostet« haben. Jemand, der im Verkehr sein Auto zu Schrott gefahren hat, zahlt einen hohen Preis für die Erfahrung, dass man besser auf den Verkehr achten muss. Das hätte er auch in der Fahrschule lernen können. Es ist ohnehin fraglich, ob man in einem solchen Fall tatsächlich von Erfahrung sprechen kann, denn oft kann man sich die Inhalte dessen, was so leichtfertig als Erfahrung bezeichnet wird, auch durch erfahrungsunabhängige geistige Arbeit aneignen. Eine Erkenntnis, die man allein durch abstraktes Lernen gewinnt – in unserem Beispiel durch aufmerksames Zuhören in der Fahrschule – bedarf nicht unbedingt der Bestätigung durch die eigene Erfahrung.

Zweifellos sind Erfahrungen wichtig. Das hat inzwischen auch die Wirtschaft begriffen. Die Erfahrung von Mitarbeitern fließt in das Kapital eines Unternehmens ein und macht letztendlich auch den Wert der Firma aus. Deshalb ist jeder Knowhow-Verlust mit satten Kosten verbunden. Es ist heute unbestritten, dass Personalentscheidungen den Erfolg eines wettbewerbsorientierten Unternehmens in großem Maße beeinflussen. Die langfristigen Auswirkungen hoher Personalfluktuation ließen sich bislang aber nur schätzen.

In der Manchester-Consulting-Studie von 1998, deren Angaben auf Schätzungen beruhen, wurde ein repräsentativer Querschnitt an Unternehmen gefragt, wie hoch sie die Kosten einschätzen, die ihnen eine einzige Stelle durch Kündigung verursacht. Die Firmen gaben pro Abgang eines Mitarbeiters folgende Kosten an: 5 Prozent der Unternehmen meinten, es entstünden ihnen maximale Kosten von 1000 US-Dollar, 31 Prozent der Firmen gaben Kosten zwischen 1000 und 5000 Dollar an. Nahezu ebenso viele, nämlich 34 Prozent bezifferten die Kosten zwischen 5000 und 10 000 Dollar. Im nächsten Schritt, also zwischen 10 000 und 15 000 Dollar, lagen laut

Angabe der Studie 12 Prozent der befragen Unternehmen, 8 Prozent meinten, dass ihnen zwischen 15 000 und 20 000 Dollar Kosten verursacht würden, und immerhin 10 Prozent setzten über 20 000 Dollar an.

Die Zahlen zeigen, das knapp zwei Drittel der Firmen die Fluktuationskosten pro Arbeitsplatz auf zwischen 1000 und 10 000 Dollar schätzen. Einzelne Firmen geben allerdings ganz andere Zahlen dazu an, was sie der Verlust eines Mitarbeiters kostet. Die internationale Beratungsfirma KPMG schätzt den Verlust eines Mitarbeiters auf 100 000 Dollar, Agilent Technologies verliert beim Weggang eines Softwareentwicklers sage und schreibe 250 000, also eine Viertelmillion Dollar.[5]

Auch auf dem europäischen Markt werden ähnlich hohe Kosten angenommen. Die Generaldirektion der Abteilung Wissenschaft des Europäischen Parlaments hat in einem Arbeitsdokument die Kosten der Personalfluktuation auf 7500 bis 400 000 Euro für einen einzelnen Arbeitsplatz geschätzt, je nachdem, welche Qualifikationen erforderlich sind.«[6] Kurz vor Drucklegung dieses Buches gab das »Institut für Managementkompetenz an der Universität des Saarlandes« eine Studie heraus. Unter dem Titel »Humankapitalisten und Humankapitalvernichter. Das Humankapital der DAX-30-Unternehmen im Vergleich der Jahre 2005 und 2006« listen die Autoren Christian Scholz, Volker Stein und Stefanie Müller akribisch auf, wie viel ein Angestellter in den einzelnen DAX-30-Firmen wert ist. Schockiert liest man dort, dass Siemens von 2005 bis 2006 ein Humankapital von mehr als 21 Milliarden Euro vernichtet hat. DaimlerChrysler hat im selben Zeitraum insgesamt 5 Milliarden Euro an Humankapital vernichtet, BMW »nur« (!) knapp 400 Millionen. Ebenso erfährt man, dass SAP mit 101 000 Euro im Durchschnitt die wertvollsten Mitarbeiter hat und die Deutsche Postbank im Durchschnitt jeden Angestellten mit 95 000 Euro bewerten muss.

Angesichts dieser Kosten betreiben viele Firmen mittlerweile Knowledge-Management, um das erworbene Wissen ihrer Angestellten zu bewahren. Das Knowledge-Management hat in den 1990er Jahren stark unter dem Blickwinkel von Datenbanken und der entsprechenden Technologie gestanden. Die ursprüngliche Idee war, das Wissen der Angestellten zu erfassen und diese Informationen allen anderen Mitarbeitern mittels einer Datenbank zur Verfügung zu stellen. Das Ganze hat nicht wirklich gut funktioniert, denn Wissen lässt sich nicht einfach von anderen Ressourcen im Unternehmen trennen und in einer jederzeit abrufbaren Datenbankinformation speichern. Das führte dort, wo Firmen es versucht haben, zu einem weiteren IT-Overkill.

Das Scheitern dieser IT-basierten Speicherung von Wissen und Erfahrung führte schließlich zu einem alternativen, mehr menschenorientierten Ansatz, der heute *human resource management* genannt wird. In dieser Disziplin geht es um die Frage, wie man Menschen eigentlich dazu bringt, ihr Wissen freiwillig zur Verfügung zu stellen, und wie man sie motiviert, ihr Wissen mit anderen zu teilen. Das setzt natürlich voraus, dass die Mitarbeiter bereit sind, sich auf neue Vorgaben und Prozesse einzulassen und an ihnen zu wachsen; nichts ist hinderlicher als ein Mitarbeiter, der nicht auch aus Erfahrungen lernen möchte.

Es gibt verschiedene Möglichkeiten, Dinge zu lernen – ein Weg von vielen ist die eigene Erfahrung. Verbrennt sich ein Kind den Finger am heißen Bügeleisen, obwohl es von der Mutter gewarnt wurde, ist zwar das Geschrei groß. Aber so lernt es, dass das Bügeleisen kein Spielzeug ist. Aber hat es sich denn für diese Erkenntnis die Finger verbrennen *müssen*? Das Kind hätte der Mutter glauben können, dass das Bügeleisen heiß ist, oder die Mutter hätte die Hand des Kindes ganz vorsichtig in die Nähe des Bügeleisens führen können, um zu zeigen, dass von dem Bügeleisen Hitze abgestrahlt wird – auch in diesem Falle hätte das Kind etwas begriffen. Allerdings ohne sich den Finger zu verbrennen.

Doch wer nicht hören will, muss fühlen. Muss er? Nein, muss er nicht. Natürlich wird sich das Kind merken, dass das Bügeleisen heiß ist – aber es wird sich auch daran erinnern, wie mitleidlos die Mama sein kann, wenn man sich wehgetan hat.

Die Erfahrung der Schmerzen muss also nicht unbedingt sein; das Kind hätte auch den Warnungen der Mutter glauben können. Zwar fordern gerade junge Menschen, ihre Erfahrungen selber machen zu wollen, aber dieser Anspruch ist in vieler Hinsicht unvernünftig. Vielen Menschen bliebe wahrscheinlich unnötiges Leid erspart, wenn sie bereitwilliger von den Erfahrungen anderer Menschen profitieren würden. Dann wären wenigstens die Mühe und die Schmerzen, die ein anderer für seine Erfahrungen erduldet hat, nicht vergebens.

Um die Erfahrung eines anderen jedoch wertschätzen zu können, muss die Beziehung zu diesem Menschen stabil und vertrauensvoll sein. Je glaubwürdiger jemand erscheint, umso eher öffnet man sich auch seinen Erfahrungen. So müsste es doch zum Beispiel Eltern möglich sein, ihre Erfahrungen dem Kinde weitergeben zu können. Zumindest wenn es eine liebevolle Vater- oder Mutter-Kind-Beziehung gibt und das Kind nicht gerade mit den Wirren der Pubertät kämpft und deshalb in grundsätzliche Opposition zu den Eltern geht. Und umso klarer ist, dass von all den persönlichen Erfahrungen, die ganz unpersönlich und manchmal sogar anonym in Massenmedien oder Internetforen zum Besten gegeben werden, kein Impuls für das eigene Leben und die eigenen Erfahrungen ausgehen kann

Möglicherweise sind auch emotionale Defizite und ein verloren gegangenes Urvertrauen in die Menschen die Ursache für die lautstarken Forderungen nach eigenen Erfahrungen. Wie sollte man von den Erfahrungen anderer Menschen lernen, wenn diese Menschen nicht glaubwürdig sind, weil sie als Vorbilder schon oft versagt haben? Angenommen, ich werde von einem anderen Menschen vor einem Dritten gewarnt. Um diese Warnung richtig bewerten und schließlich annehmen zu können, brauche ich die Sicherheit, dass der Warnende es tatsächlich gut mit mir meint und sich schon öfter als jemand erwiesen hat, dessen Urteil über Menschen ich vertrauen kann. Eltern aber, die beispielsweise ihre Kinder emotional verkümmern lassen und ihnen zu wenig nachahmenswertes Beispiel geben, verlieren an Glaubwürdigkeit. Welches Kind wird schon aus Erfahrungen von Eltern lernen wollen, die ihm gegenüber nicht gut sind?

Vielleicht rührt der Wunsch nach eigenständigen Erfahrungen auch von schmerzvoll erlebten Sinndefiziten und einer verzweifelten Suche nach Orientierung. *Sinn* hat wesentlich mit der Weitergabe von Erfahrungen (anderer) zu tun. Aber die tiefgründige Wortbedeutung von *Sinn* legt nahe, dass unsere Vorfahren am Lagerfeuer gedankenschwere Gespräche über gesammelte Erfahrungen führten, die durchdrungen waren von tiefer Ernsthaftigkeit. Dieses uralte Verhaltensmuster des Erfahrungsaustausches als sinnkonstituierendes Element des Lebens ist heute verdrängt von jenen oberflächlichen Laberrunden, in denen jeder seinen Stuss über weiß Gott wie tiefschürfende Erfahrungen zum Besten geben kann. Was den Erfahrungsaustausch betrifft, so hat ein immenser Paradigmenwechsel stattgefunden, der durchaus ein Grund für das Sinnvakuum unserer Zeit sein kann. Wo nämlich Erfahrungsaustausch nicht mehr als sinnerzeugend gesehen wird, sondern ein weit verbreitetes Oberflächenphänomen geworden ist, da degeneriert das Gespräch zur nichtssagenden Faselei.

Menschliche Begegnungen finden heute viel zu selten in

einem Umfeld statt, in dem die Weitergabe von Erfahrungen noch etwas widerspiegelt von ihrer ursprünglichen Sinnhaftigkeit. Anstelle des früheren Zusammenhalts von Sippen und Generationen ist heute die Single-Gesellschaft und die Ein-Kind-Familie getreten, in der der alte Sinn des Erfahrungsaustausches nur noch sehr bruchstückhaft sichtbar werden kann.

In diesem Zusammenhang ist es geradezu dümmlich und naiv, im Fernsehen die logische Fortentwicklung des alten Lagerfeuers zu sehen, um das sich nun die moderne Gesellschaft versammelt, wie irgendwelche Medienfuzzies immer wieder von sich geben. Wie unsinnig solche Ansichten sind, wird jeder erfahren haben, der es schon einmal gewagt hat, bei einer Fußballübertragung in größerer Runde ein Gespräch anzufangen. Fernsehen ist die Extremvariante kollektiver Einsamkeit.

Auch in Unternehmen bleibt immer weniger Zeit für den Austausch von Erfahrungen. Zwar kommen die Menschen in einer Tour zu irgendwelchen Meetings zusammen, doch dort geht es um Entscheidungen und nicht um Erfahrungen – obwohl diese beim Treffen der Ersteren eine gute Richtschnur wären. Viele Vorgesetzte klagen darüber, dass im betrieblichen Alltag keine Zeit bleibt, einem Lehrling oder einem unerfahrenen Angestellten etwas zu erklären oder gar mit ihm zu üben. Die Möglichkeiten, seine eigenen Erfahrungen zielgerichtet zu vermitteln, so dass andere davon profitieren können, sind rar. Der sogenannte Erfahrungsaustausch ist in unserer Gesellschaft meist nichts anderes als Selbstdarstellung. Es geht heute meistens nicht um Erfahrungen, sondern ums Ego.

Fragt man sich nicht zu Recht, weshalb die Menschheit nicht mehr aus den Erfahrungen der Älteren und den Lektionen der Geschichte lernt? Dort liegt der gesamte Erfahrungsschatz, man brauchte nur zuzugreifen, auszuwerten und um sich zu schauen – aber nein: Jeder will seine Erfahrungen selber machen.

Was wir bisher als Erfahrung bezeichnet haben, sollten wir ein wenig unter die Lupe nehmen. Zunächst macht ein Mensch keine Erfahrungen, sondern er erlebt etwas und nimmt Eindrücke auf.

Es geht also um die Unterscheidung zwischen *Erlebnis* und *Erfahrung*. Umgangssprachlich spielt diese Differenzierung keine Rolle; im allgemeinen Sprachgebrauch werden die Bedeutungen vermischt und die Abgrenzungen sind unscharf. Doch um wirklich nachvollziehen zu können, was es mit der Selbsterfahrungsverfressenheit unserer Gesellschaft auf sich hat, müssen wir es etwas genauer nehmen.

Vor der Erfahrung steht das Erlebnis; aus einem Erlebnis *kann* eine Erfahrung werden. Erfahrungen macht man nie unmittelbar – direkt ist nur das Erlebnis, der Eindruck, aus dem später eine Erfahrung im Sinne einer schlüssigen Deutung werden kann.

Erlebnisse sind reine Sinnesempfindungen, gewissermaßen die erste Stufe der Wahrnehmung. Erst wenn dieses innere Erlebnis geistig ausgewertet wird, kann es zu einer Erfahrung werden. Es bedarf also des Nachdenkens, der Reflexion – kurz: der geistigen (Weiter-)Verarbeitung des Erlebten. Der Geist beginnt sozusagen, die erlebten Eindrücke einordnen. Ein Mensch sammelt also Erlebnisse und verarbeitet diese erst anschließend zu Erfahrungen. Insofern beschreibt die aktive Formulierung »etwas *macht* Sinn«, die streng genommen eine aus dem Englischen übernommene Formulierung ist (»to make sense«), den dynamischen Prozess der Sinnfindung besser als »etwas *hat* Sinn«.

Scheint ein Ereignis einen Sinn zu haben, ordnen wir es als positiv ein. Nehmen negative Erlebnisse überhand, so beginnen wir an der Sinnfindung zu zweifeln – oder ersinnen Wege, die Negativ-Erfahrungen doch positiv einordnen zu können, indem wir uns – wie oben schon gezeigt – auch bei den negativsten Erfahrungen am Ende damit trösten, nun um eine Erfahrung reicher zu sein.

Menschen können enorm phantasievoll sein, wenn es darum geht, die eigenen – möglicherweise bitteren – Erlebnisse positiv zu deuten. Dahinter steckt der unbedingte Wille des Menschen, einen Sinn in seinem Tun und Handeln zu finden; die dauernde Abwesenheit von Sinn kann Menschen krank und lebensunfähig machen.

Sinnfrustration kann jedoch auch dann entstehen, wenn ein Mensch nur wenige geistige Möglichkeiten hat, seine Erlebnisse zu verarbeiten, sei es aufgrund des Alters, der Bildung oder aufgrund anderer soziokultureller Besonderheiten. Sicher ist der Wille zum Sinn bei den Menschen unterschiedlich ausgeprägt. Der eine bohrt fragend und suchend, bis er den Sinn findet, wo ein anderer es vielleicht gelassen hinnehmen kann, dass ihm der Sinn im Einzelnen derzeit nicht aufleuchtet.

Eines aber ist sicher: Werden Erlebnisse nicht reflektiert, entsteht ein Stau, eine Überfrachtung des Geistes mit Sinneseindrücken, die nicht mehr verarbeitet werden können, ähnlich wie bei der Völlerei die Nahrung nicht mehr richtig verdaut werden kann. Die Folge: eine Art geistiger Verstopfung.

Im Laufe eines Lebens ändern sich die Möglichkeiten, die gemachten Erlebnisse zu reflektieren. Die Menschen werden geübter darin, können auf ihren eigenen Erfahrungsschatz zurückgreifen und Vergleiche anstellen. Viele kennen mit zunehmendem Alter ihr eigenes Wertebild besser und wissen, auf welche Sinnerfahrung sie gut und gerne verzichten können. Der Mensch bleibt nur dann vor Sinnfrustration bewahrt, wenn er nur verkraftbare Frustrationserfahrungen macht und sein Geist stets fähig ist, die Erlebnisse aufzunehmen und zu interpretieren, ohne einen Erlebnisstau zu riskieren. Je mehr ein Mensch erlebt, umso mehr ist sein Geist herausgefordert.

Mangelnde persönliche Reife ist häufig die Ursache dafür, dass aus Erlebnissen keine positiven Erfahrungen entstehen. Diese Erkenntnis ist elementar für die Kindererziehung, denn Eltern müssen einerseits den Kindern helfen, dass aus ihren Erlebnissen Erfahrungen werden, und müssen sie andererseits auch vor gewissen Erfahrungen bewahren. Es gibt durchaus Erlebnisse, für die ein Mensch zu jung oder zu unreif ist. Dazu gehören beispielsweise zu frühe sexuelle Erfahrungen oder mangelnde Geborgenheit im frühesten Säuglingsalter und auch später.

Wer Hilfe bei der Erziehung von jungen Menschen leisten will, muss selbst entscheiden, welche Erlebnisse überhaupt dazu taugen, in Erfahrungen umgemünzt zu werden. Spätestens hier wird klar, weshalb die Laissez-Faire-Pädagogik versagen musste. Sie führte dazu, dass Kinder – mitunter sogar ganz bewusst – Situationen ausgesetzt wurden, die sie überforderten und keinesfalls zu positiven Erfahrungen führten. Das muss auf Dauer frustrieren – und das ist meist schlimmer als die Enttäuschung eines Kindes darüber, dass ihm nicht alles erlaubt ist.

Auch Führungskräfte und Entscheidungsträger in der Wirtschaft sollten ihre Mitarbeiter so führen, dass sie Erfahrungen machen können, die sinnvoll sind. Diesbezüglich haben Unternehmer gegenüber den Angestellten ganz ähnliche pädagogische Aufgaben wie Eltern gegenüber ihren Kindern.

Man weiß, dass Angestellte, die am Arbeitsplatz Sinn erfahren, eine wesentliche höhere Identifikation mit der Firma haben als solche, die mit ihrer Tätigkeit keine Sinnerfahrung verbinden. Die Sinnfindung der Angestellten am Arbeitsplatz kommt dem Unternehmer durch sehr geringe Fluktuation zugute, weil ein zufriedener Mitarbeiter wenig Neigung zeigt, seinen Arbeitsplatz zu wechseln. Überdies leistet ein Angestellter, der einer für ihn sinnvollen Tätigkeit nachgeht, bessere

Arbeit als jemand, der keine Identifikation mit seiner Beschäftigung hat. Die hohe Sinnidentifikation der Angestellten in einem Betrieb ist nicht selten ein Faktor für den Erfolg eines Unternehmens.

Natürlich ist ein Angestellter in Arbeitsabläufe und Prozesse, in Projektgruppen und Kollegenkreise eingebunden und deshalb kein vollkommen selbstbestimmtes Wesen. Dennoch sollte auch die Arbeit, der ein Mensch nachgeht, Antworten auf die Sinnfrage ermöglichen. Sonst kommt es zur sogenannten Entfremdung, wie sie Karl Marx schon im 19. Jahrhundert definiert hat. Er sah, dass die in den Fabrikationshallen des 19. Jahrhunderts herrschenden Arbeitsbedingungen keineswegs geeignet waren, den Arbeitern Antworten auf die Sinnfrage zu ermöglichen. Die Arbeiter mussten unter dermaßen entwürdigenden und erniedrigenden Bedingungen schaffen, dass sie während der Arbeit sich selbst entfremdet waren. Für Marx war ein Arbeiter erst außerhalb der Arbeit bei sich. Wenn man sich die Arbeitsbedingungen und Arbeitsplätze der damaligen Zeit vor Augen führt und mit den heutigen vergleicht, so kann man in etwa auch ermessen, wie viel leichter es heute sein kann, am Arbeitsplatz Sinn zu finden.

Auch ein gutes Betriebsklima gehört zu den Gründen, weshalb Menschen ihre Tätigkeit als sinnvoll empfinden. Schließlich verbringen die meisten Menschen mehr Zeit bei der Arbeit als mit ihrer Familie, ihren Freunden oder im Sportverein. Eine schlechte Atmosphäre im Betrieb würde da schon die Moral drücken und kann auf Dauer sogar den Sinn verdrängen. Doch das Betriebsklima hängt auch nicht vordergründig davon ab, wie viel Spaß man miteinander hat, und auch nicht, wie locker alle Angestellten drauf sind.

Das Betriebsklima stimmt erst dann, wenn mit unterschiedlichen Stimmungen innerhalb der Belegschaft umgegangen werden kann – genau wie in einer ganz normalen Familie, in der es Streit und Krisen ebenso gibt wie positive Phasen. Wichtig ist dabei die Fähigkeit der einzelnen Mitarbeiter, eine Atmosphäre des gegenseitigen Verstehens aufzubauen, ohne dass Druck ausgeübt oder gar Angst erzeugt wird. Nicht ohne Grund ist das Mobbing in den letzten Jahren zu einem großen Thema geworden; Mobbing entsteht am ehesten in einem Klima, das von Oberflächlichkeit, Eitelkeit und Selbstdarstellung beherrscht wird.

Vorgesetzte und Führungskräfte sollten sich immer wieder fragen, ob sie tatsächlich dem Gespräch genügend Raum geben. Natürlich verhindert der Zeitdruck in Firmen oft, dass diese wichtigen menschlichen Begegnungen stattfinden. Doch müssen tatsächlich bei jeder Sitzung alle Tagesordnungspunkte durchgehechelt werden, damit alle so schnell wie möglich wieder an den Schreibtisch zurückkehren können? Die Angestellten einer Firma brauchen Raum und Gelegenheit für Begegnung und Austausch. Ich kenne ein Unternehmen, das für seine Angestellten nicht nur ein großes und ästhetisch sehr gelungenes Besprechungszimmer, sondern auch einen wunderschönen Pausenraum eingerichtet und kleinere Ruheräume sowie einen Massage- und einen Fitnessraum geschaffen hat, neuerdings sogar ein Beach-Volleyball-Feld.

Ein Unternehmer, der derartige Rahmenbedingungen schafft, trägt in beispielhafter Weise Sorge dafür, dass seine Mitarbeiter nicht an mangelnder Sinnfindung am Arbeitsplatz leiden. Jeder gute Austausch, jede gelungene Kommunikation, jede erfüllende menschliche Begegnung ist sinnstiftend. Und zwar ganz unabhängig davon, ob man an der Werkbank Kinderspielzeug zusammenschraubt oder Videorekorder.

Wer dies alles in seinem Unternehmen berücksichtigt, ermöglicht seinen Mitarbeitern eine Sinnerfahrung, die sich positiv auf seine Leistung und somit auch auf den Erfolg des gesamten Unternehmens auswirkt. Sinnfindung am Arbeitsplatz hat also direkt mit dem ökonomischen Erfolg eines Unternehmens zu tun.

Das ist in den vergangenen Jahren immer mehr Unternehmern bewusst geworden, und viele nutzen diesen Umbruch in der Wirtschafts- und Arbeitswelt bereits. Es ist tatsächlich auch eine ganz neue Herausforderung für Unternehmer, die Arbeitsplätze im Horizont der Sinnfrage zu betrachten.

Wenn einem Menschen die Möglichkeit gegeben wird, seinen Arbeitsplatz immer wieder so zu erleben, dass er positive Erfahrungen machen kann, wird er auf Dauer eine höhere Identifikation mit der Firma haben, als jede Motivationsschulung sie je erreichen könnte.

Erfahrungen beruhen auf dem »Nachdenken« über die Erlebnisse. Und damit dieses nachdenkende Einordnen gelingt, bedarf es des Austauschs und des Gesprächs, denn kein Mensch findet den Sinn immer nur für sich allein. Es ist wesentlich, dass sich Erfahrungen im sozialen Miteinander bilden. Eindrücke gewinnt jeder für sich – aber die daraus resultierenden Erfahrungen kann man austauschen und weitergeben und so sich und andere stetig bereichern.

Es geht nicht darum, wie ein Vielfraß Erfahrungen in sich hineinzustopfen. Der unersättliche Hunger nach Erfahrungen hat dieselben Auswirkungen wie körperliche Gefräßigkeit und kann auch mit denselben Mitteln geheilt werden: zum Beispiel mit Diät oder Askese.

Natürlich ist es nicht leicht, aus einem übergewichtigen Vielfraß einen schlanken Genießer zu machen, doch eines ist sicher: Nahrungsmittel müssen für ihn einen anderen Stellenwert bekommen, der Input darf nicht mehr wahllos aufgenommen werden. Genau das hilft auch gegen die Auswirkungen der modernen Völlerei, bei der Menschen sich in hektischer Lebensgier mit möglichst vielen Informationen und Erlebnissen mästen. Wirksam sind die alten Hausmittel: ein bewussteres Leben, ein entschleunigter Alltag, geistige Entspannung durch Meditation oder Gebet, Sport oder der Besuch kultureller Veranstaltungen.

Wir haben es, wie so oft im Leben, selbst in der Hand, ob wir aufgrund geistiger Vielfresserei zu Dummschwätzern oder durch gezielte Askese zu Menschen werden, die ihrem Leben einen Sinn geben und erkennen, was wirklich wichtig ist.

Gleichgültigkeit

Warum uns grenzenlose
Freiheit überfordert

Gäbe es grenzenlose Freiheit,
dann wäre alles banal.

Die Zeit der Helden ist vorbei – wenn es sie je gegeben hat. Nicht einmal die großen Schurken verändern heutzutage die Welt; bei Lichte besehen sind auch sie nur engstirnige Kleinkarierte, grausame Egoisten ohne wirklichen Weitblick.

Keiner kann, so scheint es die trübsinnige Betrachtung nahezulegen, die Geschichte ändern. Ist nicht letztlich alles gleichgültig, egal, wurscht – weil man ohnehin nichts gegen die festgestellten Missstände tun kann? Ist der Einzelne nicht machtlos und unfrei?

Freiheit ist der Stoff, aus dem die großen Dramen der Weltgeschichte gemacht sind; ein Thema, das die Menschen bewegt und offenbar nie erschöpfend behandelt wird. Freiheit ist ein großes Wort. Jeder will Freiheit – aber jeder verbindet mit ihr etwas anderes, Eigenes. Freiheit – und das liegt wohl in der Natur der Sache – ist nicht definierbar. Es scheint, als gäbe es nicht *die* allumfassende Freiheit, sondern nur eine individuelle.

Freiheit wird missbraucht, eingeschränkt, entweiht, geschändet, verschwendet und übertrieben. Sie wird aber auch geschenkt, geschützt, gehütet und verteidigt – und im Namen der Freiheit ist wahrscheinlich mehr Schindluder getrieben worden als im Namen Gottes.

Die Freiheit hat viele Gesichter. Freiheit heißt nicht, frei zu sein von allen Zwängen. Auch die freie Wahl hat *zwangs*läufig ihre Folgen, denn bei jeder selbstbestimmten Entscheidung werden andere Möglichkeiten ausgeschlossen. Wahrscheinlich ziehen es deshalb Menschen oft vor, sich gar nicht festzulegen. Jede Entscheidung birgt das Risiko, dass man etwas anderes verpassen könnte.

Nicht alles, was ein Mensch als Zwang empfindet, macht ihn zugleich unfrei. Im Alltag gibt es viele Zwänge, ganz gleich, welchen Beruf man ausübt, ganz egal, welche soziale Stellung man innehat. Der Aktenberg türmt sich Tag für Tag höher und muss abgearbeitet werden, die E-Mails müssen beantwortet werden. An einer Maschine müssen Stunde für Stunde und Tag für Tag dieselben Handgriffe ausgeführt werden, das Kleinkind diktiert den Tagesablauf seiner Eltern. Die Gleichförmigkeit seiner Tätigkeit kann auch einen Sozialarbeiter in die Apathie treiben, einen Arzt zynisch machen, einen Busfahrer gleichgültig und einen Pfarrer unglaubwürdig. Und doch würden sich all diese Menschen nicht als unfreie Sklaven vorkommen.

Es gibt Zwänge, die den Menschen einschränken, und vieles, was keinen Spaß macht im Leben. Selbstverständlich ist das nicht angenehm, und es wird bei jedem Menschen immer wieder ein Aufbegehren gegen derartige Zwänge geben. Aber ein solches Murren ist nicht gleich ein existenzieller Schrei nach Freiheit, sondern nur das trotzige Eingeständnis, keine Lust zu haben, sich von irgendwelchen Verpflichtungen einschränken zu lassen.

Mit ernsthafter Suche nach Freiheit hat der Versuch, aus festgefügten Strukturen auszubrechen, wenig zu tun. Entscheidend für das Verständnis von Freiheit ist vielmehr der Sinn.

Die Hoffnung auf grenzenlose Freiheit ist und bleibt unerfüllbar, zumal es ohne Grenzen den Begriff von Freiheit gar nicht gäbe. Wären wir unsterblich und hätten ein ewiges Leben ohne die natürliche Begrenzung durch den Tod, wäre letztlich alles gleichgültig. Stellen Sie sich einmal vor, Sie hätten sich mit einem geliebten Menschen gestritten und könnten sagen: Ach, ist doch egal, wir können uns ja in 300 Jahren wieder vertragen. Doch gerade *weil* das Leben definitiv enden wird, ist jeder Tag, jede Minute kostbar. Und innerhalb dieser zeitlichen Begrenzung muss sich auch Freiheit verwirklichen.

Gleichgültigkeit ist das Laster, das den Menschen an der Ausübung seiner Freiheit hindert. Die indifferente Haltung führt zu einer Apathie, die Menschen von der Wirklichkeit entfernt. Sie schiebt sich wie ein feiner Filter vor die Wahrnehmung und lässt kaum noch etwas eindringen, das den Geist bewegen könnte.

Stillstand, Müdigkeit der Sinne und Schlaffheit des Herzens sind die Kennzeichen der Gleichgültigkeit. Der Gleichgültige scheint wie abgestorben zu sein und wirkt auf sein Umfeld bei aller Normalität fremdartig, entrückt. Er braust nicht auf, verfällt nicht in trübsinnige Trauer. Er macht sich keine Feinde und keine Freunde. Ihm fehlt ein soziales Gespür, er verfügt nicht über eine Gefühlswelt, die ihm Veränderungen und Nuancen in seinen Ausdrucksmöglichkeiten liefert. Einsichten in das, was notwendig und geboten ist, gehen ihm ab, und die Folgen seines Verhaltens interessieren ihn nicht. Der Gleichgültige ist seiner eigenen Betäubtheit ausgeliefert und kann den dicken Panzer, der ihn umgibt, selbst nicht mehr ablegen. Seine Trägheit hat nichts mit Lustlosigkeit zu tun; sie sitzt tiefer, ist wesentlicher. Dem Gleichgültigen fehlt schon die Unlust, und das Gewissen ist so träge geworden, dass es sich gar nicht mehr rührt. Die Zukunft kümmert ihn nicht. Nachdenken und grüblerisches Forschen nach Ursachen und Zusammenhängen sind ihm fremd.

Zwar sehnt sich auch der Gleichgültige danach, die Langeweile aus seinem Leben zu vertreiben, aber er weiß nicht wie, und er glaubt im Übrigen schon lange nicht mehr, dass sich etwas ändern wird. Das muss man eben durchhalten, denkt er sich, so ist das Leben. Trägheit durchdringt die Glieder, und eine unendliche Müdigkeit ergreift vom Gleichgültigen Besitz. Der Gleichgültige ist so teilnahmslos und abgestumpft, dass er kein wirkliches Interesse an der Gestaltung seines Lebens hat. Apathisch sitzt er da und schaut fühllos auf seine eigene Indifferenz, die ihn so etwas wie Freiheit gar nicht fühlen lässt.

Die Freiheit bedarf der Tat, sie ist ein Akt des Menschen und vollzieht sich im Tun. Wer unberührt vor sich hinlebt und in lauer Abgestumpftheit durch die Milchglasscheibe seiner dumpfen Trägheit schaut, wird zur Freiheit gar nicht herausgefordert. Der Anspruch der Freiheit erreicht ihn nicht, und selbst wenn eine Ahnung davon in seine müde Seele dringen würde, so würde sie angesichts des schläfrigen Desinteresses, auf das sie trifft, augenblicklich wirkungslos werden.

Als Gemeindepfarrer bekomme ich diese zur Unfreiheit verkommene Trägheit immer wieder bei Paaren mit schlechter Beziehung mit. Ich hatte in diesem Zusammenhang schon wiederholt das Gefühl, dass die Partner nur noch beieinander geblieben waren (und beispielsweise die Ehescheidung nicht anstrebten), weil sie von einer desinteressierten Trägheit wie von einem üblen Bazillus befallen waren. Sie hatten keine Hoffnung mehr, dass aus der Beziehung noch etwas wird, hatten sich als Paar schon längst verloren und aufgegeben, aber sie waren so träge geworden, dass sie nichts unternahmen, um diesem frustrierenden Zustand zu entkommen. Zu diesem Akt der Freiheit waren sie nicht fähig.

Der Gleichgültige nutzt seine Freiheit nicht, er ist mit ihr überfordert. Nach meiner Beobachtung gibt es heutzutage sehr viele Menschen, deren Trägheit jede Vorstellung von Freiheit in sich zusammenfallen lässt. Der Göttinger Soziologe Wolfgang Sofsky hat es einmal so formuliert: »So groß ist die Zahl der Gleichgültigen, dass der Ort ihrer Bestimmung schon jetzt übervölkert ist. In der Vorhölle trotten sie hinter einer Standarte einher – unablässig im Kreise. Sie bringen nichts zustande, sie sehen nichts, und sie kommen nirgendwo an.«[7]

Dem Trägen ist die Freiheit kein Begriff, sie sagt ihm nichts. Er kann ihre Bedeutung nicht dekodieren. Er könnte nur traurig mit den Schultern zucken, wenn er sich zur Freiheit äußern sollte. Deshalb kann er auch gegen seine Unfreiheit nicht aufbegehren. Er leidet gar nicht darunter. Allenfalls ist ihm seine mangelnde Freiheit lästig, und er versucht sie mit einem müden Wink zu vertreiben wie eine nervende Fliege.

Wer diese Form der Trägheit nicht kennt, der kann sich nicht vorstellen, was im Innern eines von der Trägheit völlig betäubten Menschen los sein mag. Ein »normaler« Mensch würde schreiend aufbegehren, wo ein träger unberührt bleibt. Die Trägheit führt zu einer Art Tod bei lebendigem Leibe.

Das bedeutet andersherum, dass jeder Protest gegen Unfreiheit noch ein Zeichen für echten inneren Freiheitsdrang ist.

Solange noch jemand gegen seine Unfreiheiten aufbegehrt, solange der Schrei nach Freiheit noch die Stille zerreißt – so lange sind noch viele Veränderungen im Leben eines Menschen möglich. Schlimm wird es, wenn es kein Aufbegehren mehr gibt, wenn schon Jugendliche erschlaffen und das Gift der Passivität ihre Seele erreicht hat. Auch in diesem Punkt scheint sich die Gesellschaft zu spalten; auf der einen Seite stehen die jungen Menschen, die mit großer Begeisterung politisch aktiv sind, sich in Organisationen wie Attac engagieren, für die Unabhängigkeit Tibets auf die Straße gehen und Neonazis bei deren Aufmärschen die Stirn bieten. Auf der anderen Seite stehen Jugendliche, deren Lebensinhalt sich auf eine funktionierende Spielkonsole beschränkt und die mit 15 Jahren 24 000 virtuelle Menschen erschossen haben.

Der Begriff *Freiheit* gehört zu den wichtigsten, komplexesten und folgenreichsten der Geistesgeschichte. Keine soziale, politische, religiöse, moralische oder philosophische Strömung kann darauf verzichten, sich zur Freiheit zu äußern und den ihr eigenen Freiheitsbegriff zu definieren.

Das zeigt schon ein Blick in die Geschichte. In der griechisch-römischen Antike galt die Freiheit nicht als Gut für alle Menschen. Sie war ein Privileg der Gebildeten und der reichen Oberschicht, denen die Menschen fremder Völker, die im Krieg unterworfen worden waren, als unfreie Sklaven zu dienen hatten. Nur die philosophische Schule der Stoa zeigte seit etwa 300 vor Christus bereits Ansätze eines individuellen Freiheitsbegriffes, der für jeden Menschen galt.

Den Stoikern ging es um die Freiheit von den Zwängen der Welt, aber auch sie hatte keinen politischen Freiheitsbegriff, wie er sich schon früh im Volk Israel herausbildete. Für Israel war Freiheit mit der Befreiung aus der Sklaverei, also der Flucht aus Ägypten, verbunden. Sie wollten sich von fremder Herrschaft lossagen. Somit hatte für das Volk Israel Freiheit auch immer eine politische Bedeutung und galt als Grundrecht.

Die frühen Christen hatten den Freiheitsbegriff Israels übernommen, ihm aber schon bald eine religiöse Qualität zugeschrieben und Freiheit spirituell als Freiheit von Sünde und Schuld gedeutet. Dadurch wurde Freiheit zu einem Zustand, den der Mensch erst in der künftigen Welt, also im Jenseits, vollkommen erreicht und nach dem er trachtet. Der Freiheitsbegriff des frühen Christentums ist apolitisch, denn die baldige Wiederkehr Christi (nach seiner Auferstehung von den Toten und der Himmelfahrt) würde eine langfristige politische Veränderung der Welt überflüssig machen. Den frühen Christen ging es deshalb vor allem darum, sich innerlich von einer dem baldigen Untergang geweihten Welt zu befreien.

Dieser biblische Freiheitsbegriff wurde von den Philosophen und Theologen des Mittelalters zwar aufgegriffen, aber nicht wesentlich weiterentwickelt und veränderte sich erst in der

Aufklärung entscheidend. Immanuel Kant zufolge ist Freiheit nur durch Vernunft möglich, ohne die der Mensch wie ein Tier seinen Trieben folgen würde. Einzig durch die Vernunft ist der Mensch in der Lage, das Gute zu erkennen und sein eigenes Verhalten entsprechend auszurichten. Wo das Christentum die Freiheit als inneren Wert predigte, durch den der Mensch von der Sklaverei der Sünde befreit wurde, wollte Kant die Unfreiheiten des Menschen beheben, indem er diesem Mut machte, sich seines eigenen Verstandes zu bedienen. Mithilfe dieses Verstandes erkannte der Mensch nun auch politische Unfreiheiten.

In seiner zweiten Enzyklika hat Papst Benedikt XVI. versucht aufzuzeigen, wohin es führt, wenn ein moderner Freiheitsbegriff an den Vernunftbegriff gekoppelt wird. Er sieht darin das Problem, dass »Freiheit (…) rein als Verheißung gesehen [wird], in der sich der Mensch zu seiner Ganzheit verwirklicht. In beiden Begriffen – Freiheit und Vernunft – ist ein politischer Aspekt mit gegenwärtig. Denn das Reich der Vernunft wird eben als neue Verfassung der ganz frei gewordenen Menschheit erwartet. Aber die politischen Bedingungen eines solchen Reiches der Vernunft und der Freiheit erscheinen zunächst wenig definiert. Vernunft und Freiheit scheinen aufgrund ihres eigenen Gutseins von selbst eine neue vollkommene menschheitliche Gemeinschaft zu gewährleisten.«[8]

Papst Benedikt sieht in der Koppelung der Begriffe *Vernunft und Freiheit* die Gefahr, dass sie als Gegensatz zu den Bindungen des Glaubens und der Kirche wie zu den damaligen Staatsordnungen verstanden werden können. Nach seiner Ansicht wird durch die Aufklärung der Begriff der Freiheit politisiert, und deshalb tragen der Freiheits- wie der Vernunftsbegriff »revolutionäres Potential von gewaltiger Sprengkraft in sich«.[9]

Der einmal so verstandene Freiheitsbegriff drängte in der Französischen Revolution zur politisch-realen Verwirklichung und ist seitdem vom Felde der Politik nicht mehr wegzudenken.

»Das 19. Jahrhundert hielt am Fortschrittsglauben als neuer Gestalt menschlicher Hoffnung fest und sah weiterhin Vernunft und Freiheit als die Leitsterne an, denen man auf dem Weg der Hoffnung folgen müsste. Das immer schnellere Vorangehen der technischen Entwicklung und die damit verbundene Industrialisierung schuf aber nun eine gänzlich neue gesellschaftliche Situation: Es entsteht die Klasse der Industriearbeiter und das ›Industrieproletariat‹.«[10] Die furchtbaren Lebensbedingungen dieser Arbeiter hat Friedrich Engels 1845 in seinem Werk »Die Lage der arbeitenden Klasse in England« in einer erschütternden Weise geschildert. Dem Leser dieses Buches, so der Papst in seiner Analyse, musste klar sein, dass derartige Umstände unhaltbar seien und Veränderung nötig sei. »Nach der bürgerlichen Revolution von 1789 war eine neue, die proletarische Revolution fällig. Papst Benedikt führt dann weiter aus, dass Karl Marx »mit eingehender Genauigkeit, wenn auch parteilich einseitig, die Situation seiner Zeit beschrieben und mit großem analytischem Vermögen die Wege zur Revolution dargestellt« habe. Und dies nicht nur theoretisch, sondern auch praktisch in der Gründung der »kommunistischen Partei, die aus dem kommunistischen Manifest von 1848 hervorging«.[11]

Die Revolution hat dann auch stattgefunden, aber zugleich wurde damit auch der grundlegende Irrtum von Marx sichtbar, denn er hat zwar sehr präzise gezeigt, wie die anzustrebenden Veränderungen zu bewerkstelligen seien, aber er hat uns nicht gesagt, wie es dann weitergehen solle. Er setzte einfach voraus, dass mit der Enteignung der herrschenden Klasse und mit dem Sturz der politischen Macht alles von selber den richtigen Weg nehmen würde. Noch einmal Papst Benedikt: »Marx hat nicht nur versäumt, für die neue Welt die nötigen Ordnungen zu erdenken – derer sollte es ja nicht mehr bedürfen. Dass er darüber nichts sagt, ist von seinem Ansatz her logisch. Sein Irrtum liegt tiefer. Er hat vergessen, dass der Mensch immer ein Mensch bleibt. Er hat den Menschen vergessen, und er hat seine Freiheit vergessen. Er hat vergessen, dass die Freiheit immer auch Freiheit zum Bösen bleibt. Er glaubte, wenn die Ökonomie in Ordnung sei, sei von selbst alles in Ordnung. Sein eigentlicher Irrtum ist der Materialismus: Der Mensch ist eben nicht nur Produkt der ökonomischen Zustände, und man kann ihn allein von außen her, durch das Schaffen günstiger ökonomischer Bedingungen, nicht heilen.«[12]

Freiheit lässt sich nicht begreifen, wenn man sie nur als politische Größe versteht. Freiheit ist kein Faktor, der von einem äußeren, politischen System abhängt oder von ihm erklärt und definiert werden kann. Freiheit ist, das haben die kritischen Gedanken zum Marxismus gezeigt, ohne ein dazugehöriges Menschenbild nicht denkbar. Man kann den Freiheitsbegriff deshalb als Indikator für ein bestimmtes Menschenbild betrachten und umgekehrt auch das Menschenbild anhand eines bestimmten Freiheitsverständnisses ergründen.

Freiheit ist ein Schlüsselbegriff, und ähnlich wie die Wortbedeutungen von Erfolg, Sinn und Erfahrung führt der Begriff Freiheit in jene so eigentümlich geprägte Denkwelt unserer Zeit, die sich so schwer auf einen Nenner bringen lässt – auch wenn es an markigen Formeln kaum mangelt.

»Wer die Wahl hat, hat die Qual«, ist so ein geflügeltes Wort, in dem die ganze Komplexität des Begriffs »Freiheit« steckt. Zwei Situationen aus dem Alltag verdeutlichen dies sehr anschaulich: Nehmen wir im ersten Fall an, ein kleines Kind kommt in die Küche und wird von seiner Mutter gefragt, ob es einen Apfel oder eine Banane möchte. Im zweiten Fall zeigt ihm die Mutter einen Apfel und sagt: »Schau, was für einen schönen roten Apfel ich für dich habe.«

In beiden Fällen spricht die Mutter die Freiheit des Kindes an. Im ersten Fall bekommt das Kind etwas zur Auswahl vorgelegt, hat also die Freiheit, sich entweder für den Apfel oder die Banane zu entscheiden. Die Frage ist, nach welchen Kriterien das Kind entscheiden wird. Wahrscheinlich wird es nach dem Lustprinzip entscheiden. Dazu muss es in sich hineinhören und sich fragen, was das Angebot der Mutter mit ihm macht, ob es mehr Appetit auf einen Apfel oder eine Banane hat. Das Obst, das mehr verspricht, wird gewählt.

Verheißen beide angebotenen Früchte gleich viel, wird es schon schwieriger. Reichen die subjektiven Kriterien des Kindes nicht aus, um eine Entscheidung zu treffen, so wird das Kind zaudern und zögern und am Ende vielleicht die Mutter fragen, welches Stück es nehmen soll.

Angesichts von lediglich zwei Wahlmöglichkeiten hält sich die Qual der Wahl beim Kind noch in Grenzen. Verlagert man das Beispiel allerdings an den Tresen einer Eisdiele, die 35 Sorten Eis anbietet, wird es kompliziert – für das Kind und für die Mutter. Stellt man sich dann noch eine Mutter mit zwei oder drei Kindern vor, die fragt: »Was hättet ihr denn gerne?«, wüsste ich nicht, wen ich mehr bedauern sollte – die Mutter oder die Kinder.

Zugegeben, keine mit den Grundlagen der Kindererziehung vertraute Mutter würde sich selbst und die Kinder in eine solche Situation bringen. Üblicherweise trifft die Mutter eine Vorauswahl und reduziert die Wahlmöglichkeiten so, dass die Kinder nicht überfordert sind: »Möchtest du Erdbeere, Schokolade oder Vanille?« Kein Mensch würde der Mutter vorwerfen, sie schränke die Freiheit ihrer Kinder ein.

Bei dem Angebot von Apfel oder Banane wird es der Mutter ziemlich gleich sein, was das Kind nimmt. Es hat die uneingeschränkte Wahlfreiheit zwischen zwei Gelüsten und trifft seine Entscheidung ganz allein. Im zweiten Fall, in dem die

Mutter einen schönen roten Apfel anbietet, ist das Kind auch frei – denn es kann wählen, ob es den Apfel nimmt oder nicht. Obwohl es sich auch um uneingeschränkte Wahlfreiheit handelt, unterscheidet sie sich doch vom ersten Fall, in dem das Kind nach der größtmöglichen Lustbefriedigung entschieden hat. Im zweiten Fall hat das Kind andere Entscheidungskriterien, es wählt nicht mehr nur das aus, was mehr Genuss verspricht, sondern tritt in eine Beziehung zur Mutter. Wenn es sich gegen den angebotenen Apfel entscheidet, versetzt das der Mutter möglicherweise einen Stich – denn sie hat etwas mit dem Apfel verbunden, vielleicht genau diesen besonders roten Apfel für das Kind ausgesucht. Der Apfel ist nicht mehr nur ein Nahrungsmittel, sondern eine Art Informationsträger der Liebe, die die Mutter für ihr Kind empfindet. Die Freiheit des Kindes, sich zu entscheiden, steht also in einem ganz anderen Zusammenhang. Das wird noch deutlicher, wenn wir uns eine weitere Möglichkeit vor Augen führen, die das Kind hat. Es könnte den Apfel nehmen, um der Mutter eine Freude zu machen, obwohl es ihn nicht besonders mag.

Wenn man etwas völlig unabhängig von den eigenen Bedürfnissen nur um der Liebe willen tut, ist das ein sehr elementarer Freiheitsvollzug. Wer dazu nicht fähig ist, der sollte keine lebenslange Partnerschaft eingehen, für deren Funktionieren immer wieder selbstloses Handeln und Kompromissbereitschaft unerlässlich sind.

Im ersten Fall der Apfel-Geschichte geht es also um die Lust, im zweiten Fall um eine Beziehung. Ist im ersten Fall der Freiheitsvollzug einsam, so ist er im zweiten Fall sozial. In beiden Fällen kann das Kind selbst bestimmen, und in beiden unterliegt es zugleich auch bestimmten Zwängen. Wir sind zwar davon ausgegangen, dass das Kind den Apfel aus Liebe zur Mutter annimmt, doch auch das Gegenteil könnte der Fall sein: Das Kind nimmt den Apfel aus Angst an.

Liebe und Angst sind das Gegensatzpaar zu Freiheit und Zwang. Ein Mensch kann aus Freiheit oder aus Zwang heraus handeln, aus Liebe oder aus Angst. Will man lediglich erreichen, dass jemand so oder so handelt, ist es eigentlich gleichgültig, auf welchem Wege man ihn dazu gebracht hat. Ob er aus Liebe oder aus Angst agiert, ist unerheblich, wenn bloß ein bestimmtes Ziel erreicht werden soll. Doch sein Handeln hat nichts Sinnvolles. Die Suche nach dem Sinn bedarf der Freiheit; man kann nur in Freiheit den Sinn finden, nicht aber in Unfreiheit.

Freiheit vollzieht sich also immer und vor allem in einem Wertekontext, der uns zwar nicht immer bewusst, aber immer gegenwärtig ist. Die Voraussetzung für ein Handeln in Freiheit ist demnach die Fähigkeit des Menschen, einen Wert als solchen zu erkennen und in seine Entscheidung mit einzubeziehen.

Frei entscheiden zu können gehört so sehr zum Wesen des Menschen wie seine Fähigkeit, den Sinn zu finden. Sie ist eine Gabe und nicht Resultat eigener Vervollkommnung; zwar ist sie ein zerbrechliches Gut, kann von Ängsten und Zwängen überdeckt werden, ist anfällig für Zerstörungen. Doch in erster Linie ist Freiheit die Bedingung aller Möglichkeiten, die ein Mensch hat – wie das Saatgut in dieser kleinen Geschichte, die mir irgendwann zu Ohren gekommen ist. Sie ging etwa so:

Eines Nachts träumte ich, ich sei in einen Laden gegangen.
Hinter der Theke stand ein Engel.
Ich fragte ihn: »Was verkaufen Sie?«
Der Engel antwortete freundlich: »Alles, was Sie wollen.«
Da begann ich alle Einzelheiten zu nennen und hörte nicht auf, bis der Engel mir ins Wort fiel und sagte:
»Entschuldigen Sie, mein Herr, Sie müssen mich falsch verstanden haben. Bei mir gibt es keine Früchte, nur Samen!«

Der Mensch ist dafür verantwortlich, dass dieser Samen der Freiheit auch in der richtigen Weise aufgeht.

Dabei kommt zum Tragen, dass die Freiheit des Menschen für jeden Einzelnen immer wieder neu ist. Jeder Mensch steht hinsichtlich der Freiheit vor denselben Herausforderungen, oder – wie Papst Benedikt XVI. es einmal ausgedrückt hat: »Freiheit bedingt, dass in den grundlegenden Entscheiden jeder Mensch, jede Generation ein neuer Anfang ist.«[13] Natürlich ist jeder beim Vollzug seiner Freiheit hineingewoben in ein Netz von Beziehungen zu anderen Menschen, und jeder kann auf die Erkenntnisse und Erfahrungen anderer zurückgreifen. Aber dennoch muss er die Entscheidungen im Vorfeld der Verwirklichung seiner Freiheit immer für sich selbst neu treffen. Will sagen: Addierbarer Fortschritt ist nur in materiellen Bereichen und auf naturwissenschaftlichem Gebiet möglich, hier kann man an das anknüpfen, was andere schon getan, erforscht oder errechnet haben. Was jedoch die Freiheit betrifft, steht jeder Mensch wieder am Ausgangspunkt. Sonst wäre er ja nicht mehr frei.

»Sicher können die neuen Generationen (…) aus dem moralischen Schatz der ganzen Menschheit schöpfen. Aber sie können ihn auch verneinen, weil er nicht dieselbe Evidenz haben kann wie die materiellen Erfindungen. Der moralische Schatz der Menschheit ist nicht da, wie Geräte da sind, die man benutzt, sondern ist als Anruf an die Freiheit und als Möglichkeit für sie da.«[14]

Der rechte Zustand der menschlichen Dinge, das Gutsein der Welt, kann nicht einfach durch Strukturen allein gewährleistet werden, wie gut sie auch sein mögen.

Infolge der grundsätzlichen Freiheit des Menschen muss sich diese Freiheit auch immer neu vollziehen. Der Mensch ist nicht so frei, dass er sich beispielsweise einmal für das Gute entscheidet, und dann wäre diese Entscheidung nie wieder gefährdet oder umzukehren. Menschliche Freiheit ist immer neuer Vollzug und wird nie zu einem endgültig eingerichteten Zustand des Guten in dieser Welt führen. Wer das verheißt, ist ein Scharlatan, ignoriert er doch, dass die Freiheit immer wieder neu für das Gute gewonnen werden muss. »Die freie Zustimmung zum Guten ist nie einfach von selber da. Gäbe es Strukturen, die unwiderruflich eine bestimmte – gute – Weltverfassung herstellen, so wäre die Freiheit des Menschen negiert, und darum wären dies letztlich auch keine guten Strukturen.«[15]

Die Freiheit ist ein Gut, das in jedem Menschen gegenwärtig ist; deshalb ist jeder Mensch immer wieder neu herausgefordert, mit seiner Freiheit richtig umzugehen. Dabei ist er nicht allein, denn Freiheit vollzieht sich immer in einem Miteinander. In unserer Gesellschaft wird Freiheit jedoch seit Jahrzehnten völlig falsch verstanden und steht nur noch für den Egotrip, auf dem sich viele selbst verwirklichen wollen. Jeder nimmt sich seine Freiheit. Und wehe, wenn sich ein anderer einmischt.

Wir reagieren irritiert, fast verschreckt, auf den meist groben Hinweis, dass uns dieses oder jenes nichts angehe. Dabei stimmt es oft nicht einmal. Mich gehen viele Dinge an, die andere tun und verantworten müssen. Freiheit ist ohne die Verantwortung für die Gesamtheit einer Gesellschaft gar nicht möglich; und doch ziehen sich immer mehr Menschen in sich und in ihre Lebenswelt zurück, hören weg, wenn der Nachbar seine Frau regelmäßig krankenhausreif prügelt, greifen nicht ein, wenn Skinheads in der vollbesetzten S-Bahn Menschen attackieren, und sind plötzlich tief erschüttert, wenn in der nächsten Umgebung ein Kind schwer misshandelt wurde.

Wahre Freiheit heißt nicht, frei zu sein *von* etwas, sondern frei zu sein *für* etwas, und genau deshalb muss sich die Freiheit immer auch in der konkreten Tat offenbaren. Sich frei *von* etwas zu machen, das wäre oft mit einem einmaligen Akt geschehen. Wird Freiheit aber wesentlich verstanden als Freiheit *für* etwas, dann muss dieses *Für* ständig neu in den Blick genommen werden und sich auch durch entsprechende Taten einstellen. Anders gesagt: Das *Für* muss Wirklichkeit werden, damit Freiheit keine Utopie bleibt. Deshalb ist die Freiheit wesentlich an den Sinn gekoppelt, denn jeder Schritt der Sinnverwirklichung ist ein Schritt der Freiheit.

Das Merkwürdige an der Freiheit ist, dass sie sich selbst aufzuheben scheint, sobald sie sich festlegt. Hat man nämlich nur alle *Möglichkeiten,* so ist dies allein noch keine Freiheit, denn es fehlt der Schritt zu der Konkretisierung einer der vielen Möglichkeiten. Hat man diesen Schritt in Freiheit getan und sich für *eine* Möglichkeit entschieden, so hat man keine Freiheit mehr. Auf diesem schmalen Grat zwischen Möglichkeit und Festlegung wandelt die Freiheit. Allein das zeigt schon, dass der Umgang mit der Freiheit gelernt sein will, und es liegt auf der Hand, wie sehr die alte Sünde der Gleichgültigkeit und der Trägheit genau das verhindern kann.

Diese Sünde hält den Menschen von der Auseinandersetzung mit der Freiheit ab. Solange es bequemer zu sein scheint, der Trägheit zu folgen, anstatt sich mit der eigenen Freiheit auseinanderzusetzen, wird ein Mensch mit seiner Freiheit auch nicht umgehen können.

Freiheit muss man sich erarbeiten, und das kann durchaus anstrengend oder schmerzhaft sein.

Wer etwa frei werden will für eine ganz andere als seine bisherige, leistungsorientierte Lebensauffassung, der wird bald merken, dass er diese Freiheit nicht erlangt, wenn er das vorgestellte Ziel lediglich erreichen *will.* Er muss diesen Willen auch in die Tat umsetzten. Immer wieder wird er dann auch in seine alten, gewohnten Verhaltensmuster zurückfallen. Wieder und wieder muss er die Trägheit überwinden und neu beginnen, die zu erlangende Freiheit in kleinsten Schritten zu verwirklichen, und wird dabei gegen den enttäuschenden Eindruck ankämpfen müssen, nicht voranzukommen.

Oder nehmen wir jemanden, der frei dafür werden will, sich so anzunehmen, wie er ist. Wer diese Freiheit anstrebt, wird sich sehr lange mit seinem alten Selbstbild herumschlagen müssen. Eine solche Änderung geht nicht durch einen einfachen Willensentschluss vonstatten, und sie geht auch nicht von heute auf morgen. Bald schon wird die alte Trägheit sich wieder melden und ihm suggerieren, dass er doch bisher auch ganz gut durchs Leben gekommen sei und sich nicht so quälen müsse für ein ohnehin sehr zweifelhaftes oder vages Ziel.

Die Trägheit entfernt den Menschen immer mehr von sich selbst und führt ihn in das Sinnvakuum derer, die es nicht mehr schaffen, sich ihrer eigenen Verantwortung im Leben zu stellen. Die Gleichgültigkeit ist die Vorzimmerdame der Resignation.

Doch was ist das Gegenteil der Gleichgültigkeit? Die Leidenschaft.

Alles, was ein Mensch tut, kann er mit Leidenschaft tun. Wir haben die Freiheit, voller Begeisterung durch das Leben zu gehen und mit jedem neuen Schritt eine eigene Richtung zu wählen. Selbst das leidenschaftliche Aufbegehren gegen das eigene Schicksal ist besser, als in träge Gleichgültigkeit zu verfallen. Die öden Langweiler in diesem Leben sind meist jene Menschen, die nicht begriffen haben, zu welch schöpferischer Größe wir immer wieder fähig sind, wenn wir mit Leidenschaft die Freiheit suchen, um immer neu sinnvolle Wege zu gehen.

Eine Weisung des heiligen Ignatius von Loyola fasst jene

Haltung zusammen, die wir gerade in dieser Zeit bitter nötig haben, um nicht in Trägheit und Gleichgültigkeit zu verfallen:

> Bete so, als hinge alles von Gott ab,
> und handele so, als hinge alles von dir ab!

Neid

Warum uns die Missgunst anderer nicht glücklich machen darf

Neid ist sein eigener Folterknecht.

Schottische Weisheit

Vor wenigen Jahren kannte in Deutschland kaum jemand den Begriff *Event.* Heute redet jeder davon – aber was ein Event ist, weiß man dennoch nicht. Wo man sich früher auf ein Bier oder ein Glas Wein traf, da findet heute ein Event statt; wo man seinerzeit zu einer Geburtstagsfeier einlud, gibt es heute eine Feier mit allem möglichen Schnickschnack, mit Lasershow zum 50. Geburtstag und einem Feuerwerk zum Abschluss. Ein Event. Action. Hype.

Event wird immer häufiger als alles verklärendes Zauberwort verwendet. Seit es Events gibt, scheint das ganze Leben heller und ereignisreicher zu sein. Vorbei die tristen Treffen trüber Jahre, denn jetzt gibt es Events, die das Leben wieder lebenswert machen. Das ganze Leben erscheint wie ein großes Ereignis, ein nicht enden wollender Spaß, eine Gaudi und Belustigung, ein kurzweiliges Amüsement, ein Vergnügen, ein Scherz. Das Leben als Zeitvertreib – und immer schön heiter bleiben!

Oberflächlich betrachtet haben wir es bei Event mit einem so unbestimmten Begriff wie Erfolg zu tun. Die Allgegenwart der Vokabel Event erzwingt ein paar grundsätzliche Vorbemerkungen zu diesen so verdächtig leeren Begriffen, wie sie uns heute allenthalben begegnen. Die Schwierigkeit, einen Begriff genau zu definieren, ist bereits ein erstes Kennzeichen dieser Eventgesellschaft: Form geht vor Inhalt. Das wird auch in der Alltagssprache deutlich, wo nichtssagende Begriffe immer mehr überhandnehmen. Wir befinden uns mitten in der schönen neuen Welt der Plastikwörter – all jener Begriffe, die wie der gleichnamige Werkstoff überall verwendbar sind.

Plastikwörter existieren nicht in konkreten Zusammenhängen, sondern als unabhängige, kontextautonome Wörter. Plastikwörter wecken keine Bilder und sind assoziationsneutral. Sie gaukeln eine wissenschaftliche Präzision vor, sind aber tatsächlich gemeinsprachlicher Herkunft. Einfacher gesagt: Plastikwörter sind Stereotype. Und wie alle stereotypen Wörter hängen sie einem irgendwann zum Hals heraus.

Je inhaltsleerer sie allerdings sind, umso stärker ist ihre interpretierende Wirkung. Plastikwörter sind zu den allgemeinen Selbstverständlichkeiten unseres Redens und Denkens geworden. Die folgenden Wörter sind letztlich alle austauschbar: Arbeitsplatz, Beziehung, Durchführung, Energie, Fortschritt, Grundbedürfnis, Information, Kommunikation, Leistung, Management, Prozess, Qualität, Ressource, System, Wachstum, Wert, Zukunft.

Man kann in einem kleinen Experiment diese Begriffe in einer Kette von Gleichsetzungen aneinanderreihen, und es scheint immer irgendwie eine sinnvolle Aussage zu ergeben: Arbeitsplatz ist Beziehung. Beziehung ist Energie. Energie ist Fortschritt. Fortschritt erfordert Management. Management ist ein Prozess. Prozess ist Wachstum. Wachstum ist Zukunft.[16]

Diesen Schwachsinn kann man beliebig fortsetzen. Ein paar wenige Wörter genügen, um ständig mitreden zu können. Je internationaler die Kongresse und Talkrunden werden, umso weniger solche Wörter müssen dazu herhalten, immer neue, abstrakte, nichtssagende Sätze zu bilden. Die oben aufgezählten Plastikwörter reichen schon, um im Bundestag bei irgendeiner Debatte den Eindruck zu erwecken, etwas von der Sache zu verstehen.

Unweigerlich entsteht bei Texten oder Reden, die von Plastikwörtern durchsetzt sind, der Eindruck der Leere. Das nämlich ist ein weiteres Merkmal von Plastikwörtern: Sie wirken rein, wissenschaftlich, abstrakt. Und in der Tat ist der Weg, den sie in die alltägliche Gebrauchssprache beschreiten, der über die Wissenschaft: Sexualität, Sozialverhalten, Kommunikation sind eigentlich Fachbegriffe aus der Biologie und der Sozialwissenschaft. In diesen Forschungsdisziplinen wurden sie irgendwann erdacht, um Zusammenhänge und Forschungsgegenstände sprachlich fassen zu können. In die Wissenschaft eingeführt, sind sie automatisch mit jenem Nimbus der Unfehlbarkeit behaftet, der ihnen nun auch in ganz anderen inhaltlichen Zusammenhängen Autorität verleiht. Die unendliche Vielfalt von Ansichten, die facettenartigen Brechungen, abwägendes Für und Wider, vorsichtiges »sowohl als auch«, rücksichtsvolle Einfühlung in die handelnden Menschen – all diese Tugenden des Forschens und Denkens werden durch eine völlig neue Sprache wegplaniert, und es besteht die Gefahr, dass diese Sprache auch die Menschen prägt.

Plastikwörter kennzeichnen die sprachliche Umwelt des modernen Menschen, sie plätten, generalisieren, pressen zusammen, abstrahieren, entleeren, universalisieren, und sie verdrängen die Vielfalt anderer, schöner, vielsagender und bildreicher Begriffe. Der Sprachwissenschaftler würde sagen, dass sie keine Konnotation haben, weil sie zur Grundbedeutung eines Wortes – die bei den Plastikwörtern sowieso schon schwierig zu definieren ist – keine begleitenden, zusätzlichen Vorstellungen liefern, wie das beispielsweise bei dem Wort »Mond« die Assoziationen Nacht, romantisch, kühl, Liebe ergibt.

Plastikwörter ersetzen und verdrängen den Reichtum an Adjektiven und Synonymen. Sie bezeichnen keinen konkreten Inhalt oder Gegenstand. Sie sind Platzhalter für – ja, für was? Letztlich für gar nichts. Sie ersetzen als Stereotype den bisherigen Sprachgebrauch. Vielleicht schießen sie deshalb wie Pilze aus dem Boden, weil wir angesichts der Globalisierung eben auch Wörter benötigen, die universell gelten – und sei es um den Preis ihrer inhaltlichen Bestimmbarkeit.

Die vieldeutige Allgemeinheit von Plastikwörtern hat eine immens politische Bedeutung, denn diese Worte stiften Konsens und sind mehrheitsfähig. Plastikwörter sind das sprachliche Instrumentarium der großen Politik, asozial und ahistorisch. Sie klingen gut und sagen nichts, aber sie vermitteln die Aura von gediegenem und erarbeitetem Wissen in einer geistigen Welt, über die man Auskunft zu geben weiß. Ihr Gebrauch hebt den Sprecher ab von der unscheinbaren Alltagswelt und erhöht sein soziales Prestige; sie dienen ihm als Sprosse auf der sozialen Leiter – ob nun in der Politik oder im richtigen Leben. Sie sind frei kombinierbar, bieten sich geradezu an, sich durch Ableitungen und Zusammensetzungen zu vermehren, haben eine entschiedene Neigung zur Kombination. Das macht sie zu einem geeigneten Instrument in der Hand der Experten.

Und da sind wir wieder beim Event angelangt. Ist es nicht bitter, dass sich Menschen inzwischen sogar zum Event-Manager ausbilden lassen, zum Experten für die Bespaßung unserer Eventgesellschaft?

Die Eventgesellschaft besteht aus Menschen, deren gesamtes Lebenskonzept darin besteht, sich von einem Event zum anderen zu hangeln – Eventhopping zu betreiben, wie es so schön heißt. Damit die Anforderungen des grauen Alltags etwas erträglicher werden. Es lohnt sich, einmal darauf zu achten, wer alles in unserer Welt seinen Spaß haben will – letztlich jeder. Und zwar sofort. Spaß ohne Ende. Das Leben als kreischende Gegenwart im Disneyland. Rauf und wieder runter – wie das Leben so ist. Karussell, Achter- oder Geisterbahn – egal, Hauptsache durchgeschüttelt. Bis man kotzen muss. Wer zu den Verlierern gehört, der macht den Dreck weg, wenn alle nach Hause gehen und ihren Rausch ausschlafen.

Manchmal scheint es, als sei das Eventhopping nur ein letzter Versuch, vor der Frage nach dem Sinn davonzulaufen Aber in dieser Massenflucht bleibt doch jeder in trauriger Weise für sich allein; die kollektive Einsamkeit in der Disco. Action statt Sinnsuche.

Wer schon einmal versucht hat, gerade jungen Menschen klarzumachen, dass das Leben kein Ponyhof ist, wird erfahren haben, wie schnell man zum miesepetrigen Spielverderber abgestempelt wird – nur weil man darauf hinweist, dass kein Mensch die drängende Frage nach dem Sinn dadurch beiseiteschieben kann, dass er sich an der nächsten Zuckerwattenbude des Jahrmarktes unserer Eventgesellschaft bedient.

Der französische Flieger und Schriftsteller Antoine de Saint-Exupéry hat dies in einem Brief an seinen General so formuliert:

»Es gibt nur ein Problem, ein einziges in der Welt. Wie kann man den Menschen eine geistige Bedeutung, eine geistige Unruhe wiedergeben; etwas auf sie herniedertauen lassen, was einem gregorianischen Gesang gleicht! Man kann nicht leben von Eisschränken, von Politik und Bilanzen. Man kann nicht mehr leben ohne Poesie, ohne Farbe, ohne Liebe. Wenn man bloß ein Dorflied aus dem 15. Jahrhundert hört, ermisst man den ganzen Abstieg. Es gibt nur ein einziges Problem: Es gilt wieder zu entdecken, dass es ein Leben des Geistes gibt, das noch höher steht als das Leben der Vernunft und das allein den Menschen zu befriedigen vermag. Was wird aus dem Menschen, den man mit Konfektionskultur versorgt, so wie man das Rindvieh mit Heu versorgt?«[17]

Ein weiteres Merkmal der Eventgesellschaft ist die kollektive Flucht vor der Sinnfrage. Sie trägt alle Charakteristika von hysterischer Panik. Actiongeladene Events verdrängen die Sinnsuche genauso wie der Discobesuch am Wochenende.

In jüngster Zeit scheint dieses »Erlebnisstreben aus frustriertem Sinnstreben« stärker in den Fokus der sozialwissenschaftlichen Studien und Analysen zu treten, weil es ein zusehends größeres Problem unserer Gesellschaft geworden ist. Der Bamberger Soziologe Gerhard Schulze hat bereits in den frühen 1990er Jahren eine bedeutende wissenschaftliche Studie zu dem Phänomen der Erlebnisgesellschaft vorgelegt[18], in der es primär um die persönliche Glückseligkeit als das oberste Lebensziel geht. Schulze beschreibt eine solche auf das Genießen ausgerichtete Gesellschaft als geduldfeindlich. Die Genusssucht duldet keinen Aufschub. Mit immer längerem Genuss-Entzug, mit Perioden des Wartens bis zum nächsten Event steigt die Sehnsucht nach Genuss schmerzhaft an. Eine derart ausgerichtete Gesellschaft ist vollkommen gegenwartsorientiert, kennt keine Tugenden und verzichtet um des Genusses willen auf Werte wie Solidarität, Anstrengung, Geduld, Askese. Der Imperativ »Erlebe dein Leben!« wird zur alles bestimmenden Maxime.

Auf diesem Wege wird das persönliche Leben zum Erlebnisprojekt. Und das bis ins letzte Detail. Schon das alltägliche Wählen zwischen Möglichkeiten ist von der Frage geleitet, welche der beiden Alternativen den größeren Erlebniswert verspricht.

Jede kleine Entscheidung trägt nicht nur jene uralte, einsame Qual der Wahl in sich, sondern wird von einer problematischen egozentrischen Orientierung geleitet. Was zählt, ist der größtmögliche Spaß, den eine Sache verheißt. Diese Lebensauffassung, bei der der Einzelne und nur er selbst im Zentrum des Denkens und Entscheidens steht, hat in den vergangenen Jahren andere Lebensauffassungen verdrängt.

Eine solche Lebenshaltung aber birgt einige Gefahren in

sich. Entscheidungen, die aufgrund einer Erlebnisverheißung getroffen werden, schließen auch das Risiko einer vollkommenen Enttäuschung ein. Wer nach dem Erlebniswert entscheidet, der will auch etwas erleben – und wehe, wenn nicht! Dann ist das Jammern groß und der Frust schwer zu ertragen. Frustration aber gehört nicht auf den Plan einer erlebnisorientierten Gesellschaft.

Mit der Erlebnisorientierung gehen auch das Gefühl und die Dankbarkeit für den praktischen Nutzen von Dingen verloren. Man kann sich nicht mehr am praktischen Nutzen erfreuen. Der Gebrauchswert eines Autos wird beispielsweise nebensächlich. Hauptsache es fährt – diese Haltung haben vielleicht noch gefühlte ein Prozent der Autobesitzer in unserem Land. Dieser Gedanke jedenfalls drängt sich auf, wenn man sich all die Sportwagen, Jeeps, SUVs und Limousinen auf unseren Straßen anschaut. Wer es sich leisten kann, setzt auf den Spaß, den man mit seinem Auto haben kann. Das steigert auch den Status und steht für den eigenen hohen Lifestyle, dessen oberflächliche Requisiten schon lange nichts mehr mit praktischem Nutzen zu tun haben.

Einem Menschen aus einer vergangenen Generation, der außenorientiert handelte und seine Entscheidungen nach praktischem Nutzen traf, kam es nicht auf den Spaß an – auf jeden Fall nicht primär. Ihm machte es gerade Freude, wenn etwas seinen Zweck erfüllte. Funktion und Praktikabilität von Gegenständen standen im Vordergrund. Beim innenorientierten Handeln hingegen wird das schöne Erlebnis zur Hauptsache, Brauchbarkeit degeneriert zum Nebenaspekt, der für das Projekt des erlebnisreichen Lebens wenig hergibt. Man kauft nicht ein, weil man etwas braucht, sondern das Einkaufen selbst wird zum Event.

Wie sehr diese moderne Sichtweise von »Einkaufen« schon die Jüngsten unserer Gesellschaft ergriffen hat, konnte ich vor kurzer Zeit in einer vierten Klasse einer Grundschule erleben. Vor der eigentlichen Religionsstunde, die ich in Vertretung für einen Mitbruder übernommen hatte, fragte ich einige Kinder, was sie denn am Vortag getan hätten, und war nicht wenig erstaunt, dass neben vernünftigen Freizeitbeschäftigungen wie Fahrradfahren oder Spielen auch zwei Mädchen sagten, sie seien shoppen gewesen.

Die *Shopping Malls* sind mit feinsinnigster Psychologie genau für diese Art von Shopping als Hobby gestaltet – designt, wie man heute sagt. Das trifft auch auf die Gegenstände zu, die es dort zu kaufen gibt. Es genügt nicht mehr, nur eine Stereoanlage zu haben, sondern sie muss besonders gestylt sein. Das Design ist meist sogar bei den alltäglichsten Gegenständen, wie beispielsweise Küchenutensilien, wichtiger als die Funktion. Das Produktimage, das Design, Aussehen und optische Wirkung von Gegenständen werden zur Hauptsache. Erleben geht vor Sinn.

Diese Grundorientierung der Erlebnisgesellschaft ist ein Nährboden für Neid, Missgunst und Eifersucht. Etwas, das mein Gegenüber besitzt, verheißt ihm ein tolles Erlebnis – und mir nicht. Und schon hat sich das kleine Saatkorn des Neides still ins Herz gesenkt. Dort keimt es, bricht auf, wächst und gönnt dem Neider keine Ruhe mehr. Das, was schon Kinder in der ganzen Hilflosigkeit ihrer ersten Sprachversuche ausdrücken, bleibt im Erwachsenen gegenwärtig: »Auch haben!«

Der Neid orientiert sich nicht an tatsächlichen Bedürfnissen eines Menschen, sondern an seinen Komplexen. Die Gier will besitzen, der Neid will teilhaben und zerstört die Gelassenheit. Sein größter Feind ist die Genügsamkeit. Er bindet nahezu alle anderen Bedürfnisse eines Menschen und hüllt auch die guten Seiten, die ein Mensch hat, in sein giftgrünes Licht.

Für rationale Gegenargumente ist der Neid nicht erreichbar. Der Neid ist die Immunschwäche der Vernunft. Der Neid braucht die Augen. Das Glück und der Besitz eines Menschen, den er nicht kennt, interessieren den Neider nicht. Neid ist konkret. Er rastet und ruht nicht, stachelt die Seele immer neu an. Er raubt ihr den Frieden, die Ruhe, den Schlaf. Der Neid gaukelt dem Neider vor, dass er verstummt, sobald er das Beneidete selbst besitzt.

Meist aber gönnt er sich nur eine Ruhepause, um danach gestärkt von neuem zu beginnen und sein niederes Trachten auf ein anderes Objekt der Begierde zu richten. Neid ist materialistisch, und er hat lange Finger. Der Neid ist oft der böse Ratgeber des Diebes – vor allem bei Kindern. Sie klauen nicht, weil sie einen Gegenstand wirklich benötigen, sondern weil sie neidisch sind auf das, was ein anderes Kind hat. Es lässt sich im Sandkasten auch ohne die Schaufel des Nachbarkindes ganz prima spielen. Aber wenn der Neid sich einmal auf die Schaufel gerichtet hat, dann scheint das weitere Spielen ohne diese Schaufel nicht mehr möglich.

Der Neid hat viele Töchter. Sie gehen in den unterschiedlichsten Gewändern auf Brautschau. Sie schmeicheln, hofieren, huldigen und herrschen, gebieten und befehligen, um ihr Ziel zu erreichen.

Der Neid will letztlich nicht besitzen, sondern andere neidisch machen. Sein primitives Glück sucht er im Neid der anderen auf ihn. Dementsprechend steht auch nicht der Nutzen des geneideten Objekts im Vordergrund oder dass man es aus welchem Grund auch immer wirklich dringend brauchte. Beim Neid geht es alleine um die Möglichkeit, mit diesem oder jenem neuen Auto, dem tollsten Garten oder den wohlerzogensten, schlauesten Kindern die Nachbarn neidisch zu machen. Einen Landrover braucht in einer Großstadt niemand und kaum einer auf dem Lande; aber mit dem Nimbus von Freiheit und Abenteuer, von Unabhängigkeit und Cowboyromantik möchten sich viele umgeben. Ein Geländewagen erzeugt aber keine Freiheit. Er appelliert allenfalls an eine Illusion – das aber durchaus erfolgreich.

Ganz gleich aber, auf welche Gegenstände sich der Neid bezieht, im Grunde trägt er seit Jahrtausenden dieselbe Fratze. Der Neid verübelt einem anderen dessen (vermeintliche) Besserstellung. Dabei kann er sich sowohl auf Besitztümer beziehen als auch auf andere Güter wie Gesundheit oder Schönheit oder den sozialen Status.

In diesem Fall wird die Todsünde des Neides in der Tradition oft auch als Eifersucht bezeichnet. Und tatsächlich liegen beide nahe beieinander. Während sich der Neid auf Gegenstände richtet, bezieht sich die Eifersucht auf immaterielle Werte und Güter. Die beneideten Gegenstände können Dinge sein, die durchaus häufig vorkommen, zum Beispiel Limousinen einer bestimmten Marke oder dreizehn Wochen Jahresurlaub bei Lehrern. Bei der Eifersucht ist es anders, sie bezieht sicht stets exklusiv auf dieses eine Gut oder diesen einen Menschen.

Sowohl Neid als auch Eifersucht entwachsen der schmerzlichen Erkenntnis, dass der andere etwas hat, was ich nicht habe, jedoch gerne hätte. Die Eifersucht aber setzt immer eine Beziehung zwischen Menschen voraus. Die Eifersucht bricht sich nicht gegenüber Fremden Bahn, sondern gegenüber dem Vertrauten, dem Nahestehenden, dem Geliebten. Ihr Exklusivitätsanspruch will den geliebten Menschen nicht mit anderen teilen oder an einen anderen verlieren. Eifersucht hat aber mit Liebe nichts zu tun. Alles, was zur Liebe gehört, ist der Eifersucht fremd. Dem Eifersüchtigen geht es einzig und allein um sich selbst: Die Eifersucht ist der Veitstanz um den siedenden Kessel egomanischer Selbstliebe.

Die Eifersucht will besitzen. Sie ist nicht fähig zu teilen und nicht fähig zu warten. Der Neid gleicht einem Kohlenfeuer, die Eifersucht hingegen einem Vulkanausbruch. Ihre heiße Lava überzieht alles mit verbrennender Glut. Was sich der Eifersucht in den Weg stellt, wird zerdrückt, niedergewalzt, vernichtet. Ähnlich wie sich die Lava eines Vulkans nicht stoppen lässt, so lässt sich die Eifersucht, ist sie einmal ausgebrochen, nicht bremsen oder zügeln.

Wird der Neid gegenüber dem Beneideten oft verschwiegen, so kann sich im Gegensatz dazu die Eifersucht nicht verbergen. Beide, der Neid und die Eifersucht, können zur Triebkraft feindseligen Handelns werden. Beide machen blind und die rationale Beurteilung einer Situation unmöglich. Der Eifersüchtige ist auf die Person seiner Eifersucht mit einer Art Tunnelblick fixiert, der Neider ist fixiert auf die materiellen Gegenstände – für beide ist es unmöglich, ihre Empfindungen zu relativieren.

In der Erlebnisgesellschaft beziehen sich Neid und Eifersucht vor allem darauf, dass andere etwas erleben, was man selbst nicht erlebt. Den Neider wurmt, dass er selbst fern eines Vergnügens ist, das andere miteinander teilen. Und weil dieses Eventerleben so hoch im Kurs steht und von vielen Menschen vorgelebt wird, steigt bei den Erlebnisneidern die Angst vor der Leere.

Bei Entscheidungen, die sich am Erlebniswert orientieren, ist nicht absehbar, ob einem möglicherweise etwas entgeht. Auch wenn man im Moment vielleicht ganz zufrieden ist oder sich zumindest gerade nicht langweilt, wäre es ja immerhin möglich, dass man dennoch etwas verpasst. Vielleicht liegt diese Angst auch der enormen Vergnügungs- und Fernsehsucht zugrunde. Bevor man den Fernseher ausschaltet, zappt man lieber noch einmal durch. Und auch der Wahn der ständigen Erreichbarkeit basiert darauf. Neben dem Schlüssel und dem Portemonnaie gehört das Handy zu den drei Utensilien, ohne die heute keiner mehr aus dem Haus geht, wie jüngst eine Umfrage ergab. Wo käme man denn hin, wenn einem ein

Anruf oder eine Kurzmitteilung durch die Lappen ginge? Manche lassen sich sogar die News per SMS aufs Handy schicken, um nicht zu verpassen, wenn irgendwo auf der Welt eine Katastrophe geschieht.

Eine weitere, dramatische Auswirkung dieser eventorientierten Lebenseinstellung: das soziale Umfeld eines Menschen wird nur unter dem Aspekt seines Erlebniswertes betrachtet. Ein Langweiler oder ein Zauderer, ein trauriger, ängstlicher oder wenig spontaner Mensch stört in solch einem Weltbild. Wer nicht mitmachen kann oder mag beim nächsten Event, der wird außer Acht gelassen.

Von einem Menschen hervorgerufene Reize (und somit eben auch Erlebnisreize) nehmen ab, wenn sie sich häufig wiederholen. So ist der allein auf Erlebnisse fixierte Mensch nach gewisser Zeit gezwungen, sich neue Reizfaktoren und also auch neue Freunde oder Lebenspartner zu suchen. Aber auch die von diesen Menschen ausgehenden Reize werden sich irgendwann abnutzen, die Enttäuschung ist vorprogrammiert. Dieser Zusammenhang ist möglicherweise auch ein Grund dafür, dass Ehen und Partnerschaften heute eher in die Brüche gehen als in vergangenen Jahrhunderten. Wenn man sich – zugespitzt gesagt – über geographische Grenzen hinweg einen neuen Partner bei einer Kuppelbörse im Internet aussuchen kann, ist es recht einfach, immer wieder dem Reiz des Neuen zu erliegen. In unserer erlebnisorientierten Zeit wird deshalb die jahrelange Gewöhnung an einen Menschen – die ja eine Partnerschaft erst ausmacht – als Langeweile interpretiert. Das Erlebnisparadigma kann keine Gründe dafür liefern, warum man das weniger Reizvolle beibehalten sollte.

Werte wie Treue und Konsequenz sind reizlos in einer Welt, die sich auf oberflächliche Sensationen konzentriert. Die tatsächlichen Probleme werden ausgeblendet, und alles, was die Eventgier stillt, dient zur Erzeugung jener betäubenden

Trance, in der die Sinnfrage keine Qualen mehr hervorruft. Die Konsumgüterindustrie mit ihren Millionen von Arbeitsplätzen bedient die pure Erlebnislust gerne. Gigantische Freizeit- und aufgeblähte Vergnügungsangebote befriedigen den schier unstillbaren Hunger der Sinnfrustrierten.

Die Eventgesellschaft ist eine Art Sammelbezeichnung für Menschen mit der gleichen Denkweise. Das verbindende Element besteht in der Unfähigkeit, sich dem zu stellen, was die Sinnfrage jedem einzelnen abverlangt. Anstatt sich in einem geistigen, herausfordernden Prozess zu stellen, erscheint es den Menschen der Eventgesellschaft einfacher, sie durch Spaß und oberflächliche Reize zu verdrängen.

Die Sinnfrage ist und bleibt eine der entscheidenden Klippen des Lebens – umso mehr, als der Sinn etwas ist, was der Einzelne selber suchen muss. Doch die Eventgesellschaft führt nicht zum Sinn, sondern verendet im Spaß.

Ein weiteres charakteristisches Merkmal der Eventgesellschaft ist das Prinzip Spaß vor Freude. Mit dem Spaß verhält es sich ähnlich wie mit dem Erfolg: Er ist eine unbestimmte Größe und als typisches Plastikwort auch inhaltlich nicht weiter bestimmbar. Der Spaß ist in der Welt der Emotionen beheimatet, und wie trügerisch diese sein kann, das hat jeder schon erfahren. Spaß ist ein Gefühl des Augenblicks. Er vergeht so schnell wie das Event, durch das er angeregt wurde. Der Spaß ist unersättlich und muss durch anregende Reize stets neu befriedigt werden. Er hat etwas Ruheloses, Unstetes.

Nun lehrt die Erfahrung, dass man im Leben immer Dinge tun wird, weil man sie als sinnvoll und wichtig erkennt, und nicht, weil sie Spaß machen. Weniges von dem, was man aus Pflicht tut, macht Spaß. Es liegt im Wesen der Sache, dass der Mensch immer dort angefochten ist, wo er steht. Das Tagtägliche und Immergleiche, der Trott entbehrt jener Reize, die das Gefühl von Spaß auslösen. Der Alltag mit all seinen Pflichten ist langweilig – zweifellos. Aber vieles, was einen Menschen anödet und Langeweile und Überdruss hervorruft, ist dennoch sinnvoll. Es scheint im Leben sogar eher so zu sein, dass gerade die Dinge, die sinnvoll sind, überhaupt keinen Spaß machen.

Der größte Feind des Spaßes ist die Wiederholung – von Wiederholungen aber ist der Alltag voll. Die meisten Menschen erledigen diese wenig spaßigen Dinge des tagtäglichen Lebens dennoch nahezu klaglos, weil sie sie als sinnvoll erkennen.

Sinn und Spaß liegen auf völlig verschiedenen Ebenen, wiewohl sie dennoch miteinander auftreten können. Aber die Sinnerfüllung geht vor, und es lohnt sich, um ihretwillen die Spaßerfüllung hintanzusetzen. Der Mensch darf bei all seinen Entscheidungen und all seinen Taten niemals die Nebenprodukte gelungener Sinnwege als Ziele des Sinnweges ansehen.

Freude entsteht aus völlig anderen Gründen als Spaß und ist an die Sinnerfüllung gekoppelt. Freude ist nicht nur eine Emotion und eine augenblickliche Stimmung, sondern etwas Geistiges, das länger anhält als der kurzlebige Spaß. Freude ist nur möglich, wenn der Sinn da ist, Spaß hingegen ist auch ohne Sinn möglich – das ist der entscheidende Unterschied.

Dieser Unterschied wird in beinahe jeder Lebenssituation unserer Eventgesellschaft spürbar. Wer hat sich nicht schon in einer Großgruppe von spaßorientierten Menschen – beispielsweise in einer Diskothek – vollkommen verloren und einsam gefühlt? Der Spaß allein führt die Menschen nicht so zusammen wie die Freude.

Freude ist etwas sehr Geselliges; der Spaß dagegen von Einsamkeit, Egoismus, Selbstliebe und Rücksichtslosigkeit geprägt. Der Spaß ist ungeduldig und will in seiner Egozentrik sofort zur Geltung kommen, die Freude hat siegesgewisse Ausdauer.

Auch das lässt sich empirisch leicht nachweisen. Auf dem Fondsmarkt beispielsweise lohnt sich Geduld. Ein Rückblick auf die vergangenen zehn Jahre bestätigt dies. Damals wollte alle Welt von Technologieaktien und New-Economy-Werten profitieren. Kaum jemand interessierte sich für sichere Anlagen wie Anleihen, Immobilien und Garantiezertifikate. Heute gelten amerikanische Werte als untauglich fürs Portfolio; innerhalb weniger Jahre hat sich das Investmentverhalten einmal um die eigene Achse gedreht.

Das liegt auch daran, dass augenscheinlich viele Anleger ihr Portfolio stets auf der Höhe des Investment-Zeitgeistes halten wollen – natürlich, weil sie entsprechend beraten werden. Die durchschnittliche Haltedauer von Aktien sinkt so ständig und führt zu einem aktiveren Investmentansatz, der sich mit den Märkten bewegt. Die Zeiten, in denen man sich nach dem Aktienkauf ruhig zurücklehnen konnte und Jahre später als wohlhabender Mensch wieder erwachte, sich auf die Devise »buy and hold« verlassen konnte, scheinen vorbei zu sein.

Erforscht man jedoch in den Sparplanstatistiken, was eine Investition in Fonds über einen längeren Zeitraum gebracht hat, so wird deutlich, dass sich Geduld noch immer lohnt. Und dann, am Ende eines gewiss nicht immer spaßigen Weges, entsteht auch Freude. Mit spaßmotiviertem hektischem Herumgehopse am Fondsmarkt ist noch niemand reich geworden – und schon gar nicht freudvoller. Wer gewisse Grundtugenden mitbringt, der lässt sich nicht von den Verlockungen der Gegenwart und des Zeitgeistes blenden – weder am Aktienmarkt noch in anderen Lebensbereichen.

Wer eine weite Strecke in den Urlaub zurückzulegen hat, nimmt diesen Weg auf sich, um am Ende Freude zu erleben. Jede Mühsal unterwegs wird gerade dadurch erträglich, dass man aus Erfahrung weiß, mit welcher Freude man zu rechnen hat, wenn erst einmal das Ziel erreicht ist. Junge Eltern empfinden sicherlich nicht immer Spaß, wenn sie sich Tag und Nacht um ihr Kind kümmern müssen. Das kann sogar sehr anstrengend und nervend sein. Aber was von dem Kind zurückkommt, erzeugt so viel Freude, dass sich alle Mühsal dafür lohnt.

Oft ist sogar die Freude am Ende eines Weges der Grund dafür, diesen Weg überhaupt durchzuhalten. Wie mag es Eltern gehen, deren Kind Geigenunterricht nehmen möchte? Da muss ein Lehrer gefunden werden, ein Instrument muss her, der schulische Stundenplan muss mit dem Termin des Geigenunterrichts abgestimmt werden, vielleicht muss auch das Kind zur Musikstunde gefahren und wieder abgeholt werden – und das Woche für Woche und Monat für Monat. Erfahrungsgemäß kommt das Kind irgendwann in eine Krise und mag nicht mehr (vor allem nicht mehr üben). Vielleicht sucht man dann einen neuen Lehrer, bietet dem Kind eine Auszeit an. So ziehen die Jahre ins Land.

Irgendwann spielt das Kind vielleicht in einem kleinen Schulorchester, und schließlich gibt es einen Auftritt dieses Orchesters, an dem das Kind mit rot glühenden Wangen teilnimmt. Dann kann man sich als Elternteil zurücklehnen und sich sagen, dass der ganze Aufwand sich nun doch gelohnt hat. Am Ende macht es den Eltern Freude, dass sie dem Kind den Musikunterricht ermöglicht haben. Aber bis diese Freude zustande kam, gab es viele lange Jahre der Anstrengung und der Mühsal – für das Kind und für die Eltern.

Zusammen mit der Freude erlebt man am Ende eines langen Weges auch den Sinn. Wäre es den Eltern nur um den Spaß gegangen, hätten sie bald aufgegeben. Für das Kind gilt das noch mehr. Dann hätte es bei der ersten großen Krise die Geige in die Ecke gestellt und nie wieder angerührt. Die meiste Zeit über hat der Geigenunterricht vielleicht sogar niemandem Spaß gemacht – Kind, Eltern und Lehrer nicht. Aber immer sind sie gemeinsam den Verheißungen der Freude gefolgt.

Demjenigen, der nach dem Sinn strebt, wird auf seinem Sinnwege auch immer wieder die Freude begegnen. Sucht er sie allerdings neben dem Wege – oder auf einer vermeintlichen Abkürzung zum Ziel –, so wird er allenfalls eine Gaudi finden, die schnell entsteht und noch schneller ihren Reiz verliert.

Alles muss Spaß machen – so das Paradigma der Eventgesellschaft – gilt auch im Berufsleben. Arbeit wird an ihrem Spaßfaktor gemessen, und oft genug stehen Vorgesetzte und Unternehmer ratlos da, wenn sie damit konfrontiert werden. Sie wissen, dass nicht alle Arbeit Spaß machen kann, und stehen zugleich unter dem immensen Druck, dass sie Spaß machen *muss,* wenn man seine Mitarbeiter nicht auf Dauer frustrieren will. Und so entsteht aus der allumfassenden Spaßorientierung eine Forderung und ein Anspruch an die Arbeitgeber. Arbeit *muss* Spaß machen – sonst taugt sie nicht.

Die Forderung nach Spaß macht den Führungskräften eine vernünftige Mitarbeitermotivation unmöglich, weil Spaß und Sinn auf zwei völlig verschiedenen Blättern stehen. Motivieren aber kann man nur Menschen, die nach dem Sinn und nicht nach dem größtmöglichen Spaß suchen.

Die Erwartung an spaßträchtige Arbeitsplätze setzt einen Teufelskreis in Gang: Die Angestellten werden enttäuscht und frustriert, aufgrund dieser Frustration gibt es Motivationsschulungen für alle Mitarbeiter, die dieses Angebot nur als einen Versuch der Manipulation interpretieren können – und dann geht es wieder von vorne los. Ein Ausweg aus diesem Teufelskreis ist nur möglich, wenn die Führungskräfte auch den Mut aufbringen, die Dinge beim Namen zu nennen. Zunächst könnte man die Angestellten vielleicht zu der Erkenntnis führen, dass ein Arbeitsplatz mit Spaßgarantie auf der ganzen Welt wohl nicht zu finden sein wird.

Gewiss muss ein Unternehmer alles tun, um Arbeitsplätze sicher zu machen, die Gesundheitsrisiken zu minimieren und mit der Arbeit verbundenes Leid zu beseitigen. Die Fortschritte, die dabei im letzten Jahrhundert in den wirtschaftlich entwickelten Ländern gemacht wurden, kommen einer stillen Revolution gleich. Aber der Antrieb für derartige Verbesserungen der Arbeitswelt und Arbeitsplätze war nicht der Spaßfaktor, sondern ein Menschenbild, das von der Einzigartigkeit und Würde eines jeden Menschen bestimmt ist. Nur dort, wo ein solches Menschenbild gelebt wird, gibt es sichere, gerechte, wenig gesundheitsschädliche und oft auch zutiefst befriedigende Arbeitsplätze.

Es ist selbstverständlich, dass die Arbeit unter diesen Umständen gelegentlich auch Spaß machen kann. Zweifelsohne gibt es heute mehr Jobs, die zur Selbstverwirklichung der Angestellten beitragen können, als es zur Zeit der industriellen Revolution der Fall war. Aber dennoch kann der Spaß nicht das alles beherrschende Qualitätsmerkmal eines Arbeitsplatzes sein.

Selbst jene Tätigkeiten, von denen viele glauben, dass sie zu den spannenden und faszinierenden Berufen gehören, haben ihre langweiligen Seiten. Es gibt keinen idealen Job. Wer das Gegenteil behauptet oder sucht, ist naiv oder schon so sehr verblendet von der Eventgesellschaft, dass er unter erheblichem Realitätsschwund zu leiden hat. In jedem Beruf entstehen mit den Jahren Routine und Mühsal. Und es gibt Arbeiten, die als Ganzes niemandem und niemals Spaß machen – bei allem gesellschaftlichen Fortschritt werden auch in Zukunft Hotelzimmer zu reinigen, Toiletten zu putzen und Sperrmüll abzuholen sein. Was nützt da die oft gehörte Maxime, dass Arbeit Spaß machen muss?

Ebenso fragwürdig muss die Vorstellung von Spaß für Menschen sein, deren Beruf sie täglich mit dem Elend der Welt konfrontiert: Flüchtlingshelfer, deren Lebenseinsatz weniger als ein Tropfen auf dem heißen Stein zu sein scheint; Sozialarbeiter, die bei allem Engagement und Idealismus die Drogensucht, Prostitution oder Kinderverwahrlosung nicht beseitigen können; Priester, die die Müllsammler in den Slums der Metropolen betreuen; Ordensschwestern, die Leprakranke und Sterbende aus den Gossen der Großstädte holen – von den vielen Ärzten und Krankenschwestern hierzulande ganz zu schweigen. Sie alle tun ihre Arbeit nicht, weil sie ihnen Spaß macht, sondern weil sie sie als zutiefst erfüllend und sinnvoll erkennen. Sie tun es um des Menschen willen, aus Liebe und vielleicht aus Pflichtbewusstsein – auch wenn das für manche jetzt allzu pastoral und altmodisch klingt. Aus dieser Haltung aber kann eine echte Freude erwachsen, die weit befriedigender ist, als der Spaß es je sein könnte.

Wenn Arbeit immer Spaß machen soll, gerät automatisch die Arbeit als solche, also die verschiedenen Tätigkeiten am Arbeitsplatz, in den Mittelpunkt – anstatt der Resultate. Dabei ist nicht die Arbeit selbst wichtig, sondern das, wohin diese Arbeit führen soll. So kann es durchaus sein, dass die Putzarbeit keinen Spaß macht, aber die Freude über eine saubere Wohnung groß ist. Der Zweck der Arbeit kann mit großer Freude verbunden sein – auch bei den einfachsten Hilfsarbeiten.

Es ist schön, wenn jemand einer Arbeit nachgeht, die ihm Spaß macht, mehr noch: Solch eine Arbeit ist ein Privileg und eine Seltenheit. Würden allerdings in unserer Gesellschaft nur noch jene Arbeiten getan werden, die Spaß machen, wäre es mit der Ordnung bald vorbei. Das deutet sich ja schon an, wenn Berufsgruppen wie Kindergärtnerinnen, Busfahrer oder die Müllabfuhr für eine Lohnerhöhung streiken. Man kann es drehen und wenden: Solange die Realität in der Arbeitswelt so ist, wie sie ist, sollten Begriffe wie Pflicht und Pflichterfüllung, aber auch Sinn und Sinnerfüllung nicht aus dem Wortschatz gestrichen werden, auch wenn sie dem eventorientierten Zeitgeist nicht entsprechen. Wäre die ganze Arbeitswelt nur von dem Spaß bestimmt, den die Angestellten haben, dann wäre es um das Bruttosozialprodukt wahrscheinlich bald geschehen. Es ist ein Stigma unserer Zeit, dass ausnahmslos alles dafür herhalten muss, die überall vorherrschende Suche nach Spaß zu befriedigen.

Die Befriedigung des Spaßbedürfnisses ähnelt verblüffend allen anderen menschlichen Trieben und deren Befriedigung. Sie laufen immer nach demselben Muster ab: Appetit bekommen – essen – Sättigung; Bedürfnis nach Action – Action – Erlahmung; Begehren – bekommen – Befriedigung. Mit dieser Triebstruktur allein lässt sich die Freude nicht finden.

Wer die Freude anstrebt, braucht den Zusammenklang mit anderen Werten und Tugenden wie der Geduld, der Friedfertigkeit, der Beharrlichkeit, dem Fleiß. Der Spaß lässt, wenn er verpufft ist, meist ein schales und leeres Gefühl zurück. Wenn jedoch die Freude verblasst, dann lässt sie immer noch etwas Positives im Herzen zurück. Wahre Freude bleibt, auch wenn sie vergangen ist, gegenwärtig.

Das kann man gewissermaßen experimentell an sich selbst erfahren. Erinnert man sich zurück an ein schönes Erlebnis, den letzten Urlaub oder eine schönes Fest mit Freunden, dann wird vieles von der seinerzeit empfundenen Freude wieder wach und gegenwärtig. Die einstmals erlebten heiteren Stunden bleiben in der Erinnerung irgendwie frisch, und sie wirken über Jahre und Jahrzehnte immer neu belebend in die Gegenwart hinein.

Wer aber erinnert sich schon noch an den Spaß, den er in irgendeiner konkreten Situation vor vielen Jahren erlebt hat? Der ist meistens längst verpufft. Der Spaß hat in der Erinnerung des Menschen nicht dieselbe Nachhaltigkeit wie die Freude. Beispielsweise bleibt im Denken an einen längst vergangenen Kirmesbesuch nicht der konkrete Spaß bei der Achterbahnfahrt zurück, sondern die Erinnerung an einen freudvollen Tag auf dem Rummelplatz. Die Freude ist eine immense Daseinsbereicherung, wohingegen der Spaß nur eine Bereicherung für den Augenblick ist.

Wer fähig ist, zwischen Spaß und Freude genau zu trennen, der wird davor bewahrt, falschen Glücksverheißungen zu folgen. Vor allen Dingen aber wird er auch vor den Enttäuschungen bewahrt, die mit den falschen Glücksverheißungen am Ende immer verbunden sind. Schon im Voraus abklären zu können, wie man sich im Nachhinein fühlen wird, das ist angewandte Lebenserfahrung. Es gehört nicht viel Phantasie dazu, sich klarzumachen, dass zum Beispiel die Mehrung von Besitz nicht zwangsläufig glücklich macht.

Ich kenne jemanden, der hatte immer das Ziel, ein Ferienhaus auf Mallorca zu besitzen. Er war getrieben von der Vorstellung, dass genau solch ein Ferienhaus ihm noch zu seinem Glück fehle. Aber als er es dann hatte, war er unglücklich. Die Probleme mit dem Haus waren am Ende größer als die Freude, die er an der Bude hatte. Ich war mir immer sicher, dass er das Ferienhaus nur haben wollte, weil er neidisch auf einen Kollegen war, der ein Ferienhaus in der Toskana besaß.

Der Neid entspringt oft der irrigen Annahme, dann glücklich zu sein, wenn man das beneidete Gut besitzt. Es gibt Menschen, die sich in dieser Vorstellung so sehr verrennen, dass sie von sich aus nicht mehr in der Lage sind, ihr Handeln und Streben zu hinterfragen. Der Neid macht irrational. Er lebt von der Illusion einer Freude, die sich immer wieder als Enttäuschung enthüllt. Was durch die Brille des Neids für Freude gehalten wird, erfüllt allenfalls die Kriterien des Spaßes. Die dem Neid entwachsenden Ziele werden nie so sein, dass sie die tief im Menschen verankerte Sehnsucht nach echter Freude zu erfüllen vermögen.

Doch von Neid ist noch kein Mensch glücklich geworden –

im Gegenteil. Er ist wie eine radioaktive Substanz, die langsam durch die Glieder kriecht und schließlich alles vergiftet. Die ausgleichenden Tugenden zur Todsünde des Neids sind Haltungen wie die Gunst, das Gönnen oder die Fähigkeit zur Mitfreude. Wo wahre Mitfreude ist, wird der Neid keinen Nährboden finden. Nicht entgangene Erlebnisse machen das Leben arm, sondern der Neid auf das, was andere haben. Die Fähigkeit zu echter Mitfreude entzieht dem Neid seine Macht und befreit die Seele von der Angst, zu kurz zu kommen.

Ich habe einmal Mitfreude erlebt, die wirklich etwas Besonderes war. Im Oktober des Jahres 1979 war ich mit zwei Kommilitonen aus unserem trüben Frankfurter Studienalltag für ein paar Tage in das Benediktinerinnenkloster Eibingen bei Rüdesheim am Rhein gefahren, wo wir ein paar kleine Gästezimmer bezogen. Anderntags wollten wir durch die Weinberge nach Assmannhausen wandern und von dort mit dem Zug wieder zurück ins Kloster fahren. Die Schwestern trugen ihren Teil zum Gelingen dieses Ausflugs bei, indem sie uns üppige Lunchpakete machten. Aber es waren nicht die Lunchpakete, die so besonders waren, sondern die lichtvolle Mitfreude der beiden Gastschwestern. Es waren Frauen, die ihr Leben hinter Klostermauern verbracht hatten und wahrscheinlich seit Jahr und Tag das klösterliche Areal nicht verlassen hatten. Dennoch waren sie vollkommen frei von Neid auf unsere Freiheit und hatten die reinste, fast kindliche Mitfreude an unserer Vorfreude auf den Ausflug. Diese Haltung der beiden Ordensschwestern, die gar nicht genug davon bekommen konnten, uns die Rucksäcke vollzustopfen und immer wieder alles Gute zu wünschen, war für mich der Inbegriff von Mitfreude. Nie vorher und nie mehr nachher habe ich eine so frei machende Abwesenheit von Neid erfahren. Vielleicht ist der Grund dafür auch in dem christlichen Wertegefüge zu suchen, in dem die Nonnen leben.

Es ist letztlich eine Frage der Ethik – und ihrer Konkretform, der Moral –, ob wir neidisch sind oder die Fähigkeit zu echter Mitfreude entwickeln. Es ist sicher nicht immer leicht, sich danach zu verhalten, was der Verstand als das Bessere erkannt hat. Niemand kann die Emotionen völlig ausschalten. Darum geht es auch nicht. Aber der Verstand sollte schon so viel Einfluss auf unser Verhalten haben, dass wir die Emotionen kontrollieren und ihren Einfluss in bestimmten Grenzen halten können.

Ein solches Leben ist nicht immer der ganz große Event. Aber es verspricht Sinn. Mit einer Portion gesundem Menschenverstand ist unschwer zu erkennen, dass unser Leben nicht im Disneyland spielt – und es ist ein untrügliches Zeichen für menschliche Reife, nach dieser Einsicht zu handeln. Die wahren Events des Lebens sind die sinnstiftenden Erlebnisse echter Freude. Diese sind wie ein Vorglanz der Ewigkeit, der damit andeutet, was Freude vielleicht im Tiefsten ist: Teilhabe an der Freude der Engel.

Zorn

Warum wir nicht alles erreichen können

Der Zorn ist der ehebrecherische
Gatte der Sanftmut

Du musst es nur wollen, dann schaffst du es auch!« Zu Tausenden kommen zahlende Hilfesuchende in die Stadt- oder Gemeindehalle, sitzen eng beieinander und warten auf ihn, den Heiland der Motivationslehre, der mit messianischer Autorität und religiösen Erlösungsprophezeiungen den Menschen einen Ausweg – mehr noch: *den* einzig wahren Ausweg! – aus ihrem bisherigen Scheitern verspricht. Er lässt sich mit allen technischen Raffinessen ankündigen und erscheint, wie es sich für ein Wesen aus einem anderen Äon gehört, unter zuckenden Blitzen und in Schwaden von Nebel. Und aus den Boxen dröhnt es: »You're simply the best!« Spruchbänder entfalten sich wie von Geisterhand und geben nach und nach das suggestive Motto preis: »Jetzt oder nie!«

Das wird ohnehin von keinem der anwesenden Jünger mehr infrage gestellt. Sie sind schon längst von den Stühlen aufgesprungen und klatschen im Takt. Ein weiteres Banner schwebt von der Decke herunter: »Du schaffst es, es liegt allein an dir!«

Das ist die Stunde des Gurus. Er fixiert die versammelte Gemeinde und schwört sie auf seine Erfolgsformel ein. Dazu brüllt er ein paar Binsenweisheiten in die Halle. Banale Einsichten, aber ihre Primitivität wird von der magischen Ausstrahlung des Gurus überdeckt, seine Worte wirken durch die pure Energie seines Auftritts. Seine Präsenz ist umwerfend. Ich bin es – fürchtet euch nicht! Dieser Mann ist ein Feuerwerk der Motivation.

Die Menschen werfen die Arme in die Luft und lächeln beseelt, und irgendwann werden die Töne leiser – doch man hat den Eindruck, dass ohne die Effekte, ohne diese Lautstärke der Auftritt keine Wirkung zeigen würde. Am Ende, beim Weg aus der Halle, macht sich schon die erste Ernüchterung bemerkbar. Die Menschen ahnen, dass aus der Verheißung, dass derjenige alles erreichen kann, der es wirklich will, nichts werden kann.

Aus der Begeisterung wird dann Wut – Wut darüber, dass man um eine berechtigte Hoffnung betrogen wurde und wieder einmal auf falsche Versprechungen hereingefallen ist. Dass die Bereicherung im Wesentlichen auf dem Konto des Motivationstrainers stattfindet und nicht im eigenen Leben. War das Ganze nicht eine Frechheit, eine einzige Provokation?

Bestenfalls bleibt nach solchen Erlebnissen in der Arena eines solchen Motivations- oder Erfolgstrainers die Erinnerung an gute Unterhaltung, für die man nicht nach Las Vegas reisen musste, sondern die man in Bottrop oder Wilhelmshaven erleben durfte. Wieder ernüchtert, muss man sich eingestehen, dass man nicht sein ganzes Leben aufgrund eines einzigen Entschlusses, den man in einer stickigen und überfüllten Halle gefasst hat, ändern kann. Das wahre Leben ist anders; es ist eine emotionale Odyssee, auf der man immer wieder durch die enge Furt der Resignation getrieben wird, wo die tobenden Geister das Meer aufwühlen und rufen: Das schaffst du nie! Du Versager!

Bevor uns jemand das Unglaubliche verheißt: »Du kannst es schaffen, wenn du willst«, haben wir schon oft genug gehört, dass wir es nicht schaffen, haben erfahren, dass man nicht mit dem Kopf durch die Wand kommt, wenigstens nicht ohne Schaden am Schädel. Es ist erniedrigend, die eigenen Grenzen kennenlernen zu müssen. Vor allem, wenn es nicht am Ehrgeiz mangelt, sondern wenn man immer wieder durch bestehende Strukturen ausgebremst wird. Diese Erfahrung, dass einem von außen Grenzen gesetzt werden, bleibt niemandem erspart. Sie spielt ja schon bei der Kindererziehung (»Er muss lernen, dass er nicht alles darf«) eine wichtige Rolle – auf dass man sich früh genug daran gewöhne, von allem Möglichen gebremst zu werden. Wir stoßen an unsere Bildungs- und auch immer wieder an die Sättigungsgrenze sowie andere körperliche Grenzen; in der beruflichen Entwicklung geht es oft nicht weiter, und auch im geistigen Bereich gibt es viele Grenzen, an die wir stoßen: Man kann nicht noch mehr vertrauen, nicht noch mehr lieben, nicht noch mehr hoffen.

Oft geht es eben nicht so, wie man will, und schon haut man wutschnaubend mit der Faust auf den Tisch. Schon kleine Kinder schreien sich die Seele aus dem Hals, wenn sie in ihre Schranken gewiesen werden und ihren Willen nicht bekommen. Kaum anders reagieren die Erwachsenen, auch wenn sie gelernt haben, ihre Gefühle nach außen hin zu kontrollieren. Doch auch ihnen fährt bisweilen der Zorn in die Glieder, und ihre sinnlose Wut kann sie kalt durchrieseln. Der Zorn steht für die Schmach der Begrenzung, für das Nicht-so-Können, wie man gerne wollte.

Vielleicht ist genau deshalb der Zorn die aktivste Form der Verzweiflung. Gegenargumente quittiert er mit aggressivem Fauchen. Ich? Grenzen? Niemals! Hat man mir nicht versprochen, dass ich erreichen kann, was ich will? Also aus dem Weg, ihr Mittelmäßigen!

Der Zorn duldet keinen Widerspruch. Wenn er seinen Willen nicht bekommt, wird er hungrig. Der Zorn ist jene Todsünde, die Vergeltung fordert, für Unrecht, für Erniedrigung, für Grenzerfahrung. Er nimmt Rache an allem, was ihn einschränken will. Der Zorn ist der Amokläufer der enttäuschten

Seele, das letzte wütende Aufbäumen gegen alle Fehlschläge des Lebens, bevor man in Resignation verfällt. Der Zornige richtet sich gegen sich selbst und verletzt dafür andere. Er kennt keine Toleranz. Besonnene Rücksicht ist seinem schäumenden Gemüt genauso fremd wie Klugheit und Vorsicht. Der Zorn entsteht aus übergroßem Eigenschmerz, aus Verzweiflung und Hader – bricht er aber los, so ist er immun gegen Schmerzen wie gegen jede Art von Empfindungen. Der blinde Zorn macht kaputt, was ihn kaputt gemacht hat.

»Du schaffst alles, wenn du nur willst« ist eine Verheißung, die zu verzweifeltem Zorn führt, wenn sie sich nicht erfüllt. Je stärker und penetranter an allen Orten die Versprechungen locken und das doch so greifbare Heil sich nicht einstellt, desto schlimmer. Und die Verheißungen sind Legion, sie lassen keinen menschlichen Bereich außer Acht: jung zu bleiben, länger fit zu bleiben, zellulitefrei zu leben, schön und begehrt zu sein, von allen geliebt zu werden, sozial anerkannt zu sein, Macht und Einfluss zu haben, berühmt oder ein Superstar zu sein. Die immer neu geweckten Hoffnungen und die immer neuen Enttäuschungen machen wütend: Warum schafft man nicht das, was man doch schaffen könnte? Was man doch schaffen sollte, wenn es auch anderen gelingt?

Doch solche Fragen haben die Motivationsgurus nicht in ihrem Programm. Sie haben nur Antworten, versehen mit einem dicken Ausrufezeichen. Dabei müssten sie als selbst erklärte Experten den Ursprung jeder Motivation kennen: Solange im Innern des Menschen kein wirklicher Beweggrund zur Veränderung entstanden ist, entpuppt sich jede Motivation für dieses oder jenes irgendwann als nichtsnutziges Make-up.

Es führt zu nichts, nur deshalb abnehmen zu wollen, weil einem in jeder Zeitschrift und in jeder Fernsehsendung nur noch entsetzlich dünne Frauen gezeigt werden. All das sind äußere Anreize, aber dieser äußere Anreiz allein wird als

Motivation nicht ausreichen, eine Abmagerungskur wirklich durchzuhalten. Äußere Reize wie angekündigte Belohnungen, seien es Bonuszahlungen oder Beförderungen, fördern die Motivation nur scheinbar.

Es nützt nichts, Karriere machen zu wollen, nur weil man dann besser verdient oder weil man gerne ein bestimmtes Prestige genießen möchte. Diese äußeren Anreize haben nichts mit echten Motiven zu tun, sie sind lediglich Lockmittel. Zu dem Willen, Karriere machen zu wollen, muss auch der innere Wunsch kommen, Verantwortung zu übernehmen und in gehobener Position gestalterisch mitwirken zu können. Ein Kind, das nur deshalb ein guter Schüler sein will, weil es für jede Eins im Zeugnis einen bestimmten Geldbetrag oder ein Spielzeug bekommt, wird diese Lust an der Bildung und der Leistung verlieren, wenn spätestens im Teenageralter andere Verlockungen die Oberhand gewinnen.

Sicherlich schaffen es geschickte Motivatoren, die innersten Wünsche der Menschen aufzuspüren und in möglichst emotionale Verheißungen umzumünzen. Wirklich bewegen aber wird sich so auf Dauer nichts. Zur tatsächlichen, befriedigenden Verwirklichung der eigenen Ideen, Ziele, Hoffnungen und Visionen gehört mehr als nur jener Anschub, den ein Motivationstraining geben kann. Kein Mensch tut etwas, wenn er sich davon nicht irgendeinen Nutzen erhofft. Jeder echte, innere Beweggrund muss der Sinnfrage standhalten können. Sieht ein Mensch in dem, was er tun soll, keinen Sinn oder wird dadurch der bestehende Sinn infrage gestellt, so wird er sich auch nicht bewegen. Dieser Sinngrund für menschliches Handeln kann ihm aber nicht von außen gegeben werden.

Dennoch gehört das Motivationstraining bis heute zu der Sakramentenlehre der Wirtschaft, aber es ist eine Chimäre. Wie falsch und verkürzt Motivationstraining letztlich ist, wird angesichts der nichtssagenden Leere der Verheißungen schnell offenbar – zu mehr als kurzfristigen Aktivitäten werden Affirmationen wie »Ich habe großes Potenzial in mir« kaum führen. Irgendwann kommt jeder an den Punkt, nicht mehr ständig den inneren Schweinehund überwinden zu können oder zu wollen, und der alte Frust ist wieder da. Irgendwann ist die Unordnung im Leben wieder so groß, dass man einen erneuten Anschub braucht.

Dieses Auf und Ab ist der normale Zyklus im Leben eines jeden Menschen – und den Motivationsgurus eine solide Geschäftsgrundlage. Es ist sicher nicht falsch spekuliert, wenn man unterstellt, dass auch das Leben dieser vermeintlichen Übermenschen nicht nur Sonnenseiten hat. Doch was viel schlimmer ist: Oft sind sie weit davon entfernt, selbst das zu leben, was sie den anderen predigen. Gesundheitsgurus bekommen auf der Bühne Herzanfälle, und manch ein Motivationstrainer ist in seinem Geschäftsleben so oft pleite gegangen, dass das einzig Bewundernswerte an ihm seine Stehauf-Mentalität ist. Meist lässt sich für Außenstehende kaum nachverfolgen, ob ein Motivationstrainer tatsächlich auf dem Wege zum Erfolg gekommen ist, den er selbst – oft genug im Nachhinein – als heilbringend und seligmachend anpreist.

Natürlich versteht ein Motivationsguru sein Geschäft. Deshalb verweist er stets auf seine eigenen Schwächen, auf seinen eigenen Kampf mit den inneren Hürden. Und dennoch bleibt immer ein kleiner Zweifel. Ist es nicht häufig so, dass Menschen rückblickend ihren Weg völlig anders darstellen, als er tatsächlich war? Wenn das Ziel erreicht ist, kann man schnell das eigene Scheitern unter den Teppich kehren und den Leidensweg angesichts des Erfolges als Heldenritt stilisieren.

Das Motivationstraining degeneriert immer stärker zu einem autosuggestiven Verheißungsbasar, auf dem Wahrsager jeder Couleur und Provenienz ihre priesterlichen Dienste anbieten. Die Zahl von einschlägigen Seminaren, auf denen weitreichende Erwartungen geweckt werden und die Erfüllung gleich mitversprochen wird, nimmt kontinuierlich zu. Der Bedarf scheint groß zu sein. So können in diversen Broschüren und auf Internetseiten oftmals Formulierungen folgender Art gefunden werden:

»Sie erreichen Ihre Ziele in 3 Sitzungen.«

»Training hilft Ihnen dabei, Spitzenleistung abzurufen.«

»Unser Ziel ist es, Sie erfolgreicher zu machen.«

»Wir begleiten Sie bis zum Erfolg.«

»Als Seminarleiter werde ich Ihnen dazu verhelfen, dass Sie Ihre Wunschziele erreichen.«

»Was Sie im Coaching erreichen, hängt alleine von Ihnen ab.«

»Ab heute erfolgreich.«

Ich frage mich oft, ob ein Schulungs- oder Seminaranbieter ernsthaft glaubt, Erfolg sei nur eine Frage des Willens. Oder beugt er sich den Erwartungen seiner zahlenden Teilnehmer, indem er diesen Blödsinn anpreist? Möglicherweise ist er sogar einfach nur ein cleverer Geschäftsmann, der den Markt der Verheißungen als lohnendes Betätigungsfeld erkannt hat und auf ihm ein einträgliches Auskommen sucht. Oft genug bedingen sich dabei die Angebote der Berater und die Wünsche der Kunden, so dass sich in manch einem Seminarangebot nur die Traumwelten der Kundengruppe widerspiegeln.

Eine »Beratung«, die suggeriert, dass alles vom eigenen Willen abhängt, ist perfide, denn Misserfolge können so scheinbar eindeutig zugewiesen werden. Im Zweifelsfall sagt man, der Teilnehmer sei selbst schuld. Wenn ihm das Ganze nichts gebracht hat, dann habe er nur nicht genug gewollt. »Gib dir noch mehr Mühe! Melde dich zu noch mehr Schulungen und teuren Seminaren an! Sei kein Versager. Nun bist du so weit gekommen, wirf jetzt nicht die Flinte ins Korn. Du kannst es schaffen, wenn du nur willst!«

Das ist natürlich unsinnig, denn Versagen gehört zum Alltag. Wir werden immer wieder erfahren, dass Scheitern ein Bestandteil des normalen Lebens ist. Die Vorstellung, jeder könne erreichen, was er wolle, ist abwegig; sie widerspricht der Grunderfahrung von Generationen von Menschen.

Wenn im Umfeld dieser Machbarkeitsideologien von *Anything goes* die Rede ist, sollten bei jedem aufgeklärten Menschen die Alarmglocken schrillen – und zwar alle! Man muss immer vorsichtig sein, wenn man mit Erfolgsversprechen geködert wird. Denn das, was die Priester der Moderne als machbar verheißen, sind nur *Möglichkeiten.* Der Marketing-Kunstgriff besteht darin, diese Hypothesen als realitätsnahe Voraussagen zu verkaufen.

Nach genau diesem Prinzip argumentiert ein Wertpapierhändler oder der Sprecher eines Labors für zukunftsweisende Gentechnologie. Ihr Geschäft basiert auf den *Möglichkeiten* in der Zukunft. Analysten sagen, an der Börse werde die Zukunft gehandelt, und das stimmt. Die Prognose ist der Entscheidungsfaktor. Das Mögliche ist der Fokus, auf den sich alles konzentriert – und dann ist es nur ein kleiner Schritt von der Hoffnung zur Gewissheit.

Es gibt Nationen, in denen dieser Anspruch auf das Mögliche noch viel stärker ausgeprägt ist als bei uns. Die Phrase »The American dream« steht auch in unseren Breiten für die Idee, dass jeder Mensch durch harte Arbeit und eigene Willenskraft sein Leben zu verbessern vermag. Allerdings wird selten berücksichtigt, dass der amerikanische Traum schon längst zum Albtraum geworden ist. Die Redensart »vom Tellerwäscher zum Millionär« ist für viele blanker Zynismus, denn es ist für aus armen Verhältnissen stammende Menschen nahezu unmöglich, tatsächlich ein großes Vermögen anzuhäufen. Die Abhängigkeit von äußeren Bedingungen, etwa der ethnischen Herkunft oder Zugang zu Bildung, schließt eine Chancengleichheit für alle Menschen faktisch aus. Allein durch harte Arbeit sowie Mut zu Erfolg und Wohlstand zu kommen ist dem Einzelnen kaum möglich.

Das Konzept vom »American dream« bestärkt im Gegenteil eher das (Vor-)Urteil, dass jeder für seine Armut selbst verantwortlich ist. Wer sich nicht selbst aus dem Sumpf zieht, der ist selber schuld. Was kann die Gesellschaft dafür, wenn jemand seine Chancen nicht nutzt?

Überspitzt formuliert ist der Satz »Du musst nur wollen, dann schaffst du es auch« auch eine zynische Handlungsaufforderung an alle, die es noch nicht geschafft haben: »Du musst es nur wollen, Arbeitsloser! Streng dich an und finde Arbeit, es gibt genug zu tun! Auch wenn dir zum Heulen ist, weil sie dich längst abgeschrieben haben – zeig allen, was in dir steckt! Auch wenn du im Dreck liegst, Obdachloser: Es ist dein Dreck. Mach was draus! Du hältst den Laden zusammen, kinderreicher Ein-Euro-Jobber! Du bist von allem ein Teil. Verlierer des Wohlstands, hört auf den Geldadel: Er zeigt euch, wie ihr es schaffen könnt – wenn ihr wollt!«

Ich vermute, viele Menschen haben ein Gespür dafür, dass sie nicht alle ihre Visionen und Träume von einem besseren Leben verwirklichen können. Vielen ist wohl klar, dass viele dieser Vorstellungen keiner realen Hoffnung entspringen, sondern oft nur einem wirklichkeitsfremden Bild von sich selbst sowie dem Wunsch entspringen, sich aus der trüben Realität wegzuträumen.

Doch der Glaubenssatz des amerikanischen Traums ist so verführerisch, dass er immer noch funktioniert. Woher sonst sollten die hohen Quoten bei Sendungen wie »Deutschland sucht den Superstar« oder »Germany's next Topmodel« kommen, wenn nicht von dem Traum, über Nacht zum Star werden zu können, zum Superstar? Es ist die alte Illusion des kometenhaften Aufstiegs vom Niemand zum Jemand, den die

Medien quotensicher bedienen. Und sie findet sich auf dem undurchsichtigen Bildungsmarkt in Form von Karriere-Seminaren für die Strebsamen und Erfolgreichen wieder. Kaum einer kann sich den Imperativen, die damit verbunden sind, entziehen: »Nimm dein Leben in die Hand! Du selbst stellst die Weichen!«

Was wie ein harmloser Leitsatz wirkt, hat ebenfalls eine persönlichkeitsverändernde Kraft. Die Versprechungen wecken bei vielen Menschen erst das Begehren nach Erfolg, Geld, sozialem Aufstieg, beruflicher Karriere und anderen Dingen, die ohne diese suggestiven Versprechungen und Verheißungen so nicht entstehen würden. Der zufriedene Tellerwäscher wird erst dadurch unzufrieden gemacht, dass ihm suggeriert wird, er könne es zum Millionär schaffen, wenn er es nur genügend wolle.

Die Prophezeiung, alles schaffen zu können, ruft erst jene Unzufriedenheiten hervor, die es dann aus der Welt zu räumen gilt: Wenn es stimmt, dass jeder erreichen kann, was er will, weshalb geht es mir dann so schlecht? Bin ich so willensschwach? Wie kommt es, dass ich meine Ziele nicht erreiche? Die Allgegenwart der Verheißungen bleibt nicht ohne Wirkung – steter Tropfen höhlt den Stein. Wer ist schon ganz mit sich zufrieden?

Den meisten Mensch ist sogar bewusst, *was* sie in ihrem Leben ändern müssten. Wahrscheinlich würde jeder gerne bestimmte menschliche Fähigkeiten besitzen, wie gut zuhören können, Vertrauen haben, Mut machen oder begeistern können, und natürlich würde jeder gerne wirklich lieben können – theoretisch schon. Wie aber soll man dieses Ziel erreichen?

Was will man wirklich? Was führt zu einem lebensverändernden Entschluss? Was erzeugt unseren Willen: Leidensdruck, falsche Vorstellungen von sich selbst, Sehnsucht nach sozialer Anerkennung?

Schaut man genauer hin, dann erkennt man sehr schnell, dass es den meisten Menschen kaum um eine wirkliche Änderung geht, dass sie keinen echten Beweggrund haben. Meistens ist es die Verheißung vom schnellen Glück, die die Menschen lockt. Wer will nicht glücklich werden, ohne viel dafür tun zu müssen? Und die Welt ist voll von Glücksverheißungen.

Schon in den Werbespots werden ideale Familien, heile Beziehungen, harmonische Ehen, erfüllende Freundschaften gezeigt, die eher an Gemeindenachmittage einer weltfernen Sekte erinnern als an den Alltag zwischen Kiel und Zürich. Jeder weiß, dass die Produkte in den Supermärkten industriell hergestellt werden, und dennoch vermittelt uns Werbung die Illusion, in kleinen Familienbetrieben stünden großväterliche Köche in strahlendweißen Kitteln und bereiteten in gemütlichen Küchen köstliche Bonbons, Suppen oder Kuchen nur für uns zu.

Die Werbung entwirft eine scheinbar ideale Welt – und obwohl jeder Verbraucher das Prinzip durchschaut, scheint es zu wirken. Ein Hauch dieses idealen Lebens hält mit dem gekauften Produkt Einzug in die tristen Familien und dunklen Wohnungen derer, die zu willensschwach sind, um selber eine so schöne, sympathische und durch und durch erfolgreiche Familie zu sein.

Und irgendwann sind die Konsumenten doch wieder desillusioniert. Es kommt sogar Wut auf, wenn man wieder einmal (zum wievielten Male?) auf die Verheißungen der Werbung hereingefallen ist. Keine Familie lebt harmonischer, nur weil sie das vermeintlich richtige Toastbrot isst.

Der Trick der Werbestrategen – und im Grunde auch der Motivationstrainer – liegt darin, mit dem Produkt eine Assoziation, eine Idee zu verbinden und diese zum Kauf anzubieten. Das war beim Ablasshandel in der katholischen Kirche des 16. Jahrhunderts nicht anders: Beim Erwerb eines Ablassbriefes versprach die Kirche den gläubigen Käufern je nach Höhe der gezahlten Summe einen zeitlichen bzw. vollkommenen Ablass all ihrer Sündenstrafen. Wobei der Sündenablass nicht allein für Geld zu haben war. Der Käufer musste auch bestimmte Gebete verrichten, zum Beispiel den Rosenkranz oder eine Kreuzwegandacht beten.

Die Kirche hat für diese Machenschaften die Quittung bekommen und wird für den unseligen Ablasshandel bis zum heutigen Tage kritisiert – völlig zu Recht. Umso interessanter ist es, dass sich die Wirtschaft diese Verkaufsmethode von den raffinierten Päpsten und Kardinälen der Renaissance abgeschaut zu haben scheint.

Die Werbestrategie, mit dem Produkt eine Idee zu verbinden, wurde in Deutschland erstmals in der Zeit des Wirtschaftswunders eingesetzt. Findige Verkaufstrainer eröffneten in ihren Schulungen den Einzelhändlern, dass kein Mensch auf dieser Welt eine Waschmaschine brauche. War aber nicht die Waschmaschine genau jenes Produkt, das seinerzeit jede Hausfrau in Deutschland haben wollte? Der Gedankengang der Verkaufstrainer war relativ simpel: Kein Mensch braucht eine Waschmaschine, aber jeder Mensch hätte gerne saubere Wäsche. Um möglichst bequem und schnell zu diesem Ziel zu gelangen, ist tatsächlich eine Waschmaschine das richtige Hilfsmittel. Das war die Geburtsstunde der Produktidee in Deutschland.

Ingvar Kamprad, der Gründer von IKEA, hat einmal gesagt, IKEA verkaufe keine Möbel, sondern Wohnlösungen. Diesen Gedanken kann man auf alle anderen Produkte übertragen; so muss ein Heizungsbauer, der Heizungen verkaufen will, Wärme anbieten – und ein Papst hat mittels seiner Ablassbriefe Erlösung im Angebot. Wo das hinführt, haben wir ja gesehen.

In dem Maße, wie Behagen, Bequemlichkeit oder Entspannung zu Produkten werden, wird das tatsächlich greifbare Objekt (der Tisch, der Pelzmantel, das Luxusfeuerzeug) zu einem Verheißungsträger. Wenn man nicht mehr Möbel verkauft, sondern Wohnlösungen, nicht mehr Heizungen, sondern Wärme, nicht mehr Waschmaschinen, sondern die Idee von sauberer Wäsche, sind die tatsächlichen, realen, greifbaren Produkte mit Versprechungen und Zusagen verknüpft, und das Objekt wird über seine bloße Funktion hinaus zum Katalysator für ein angestrebtes Gefühl. In unserer Überflussgesellschaft ist das für Firmen die einzige Chance, sich von der Konkurrenz abzuheben.

Die Suggestivkraft der Glücksverheißungen kann – besonders in Verbindung mit Produkten – die Willensfreiheit von Menschen gewaltig beeinflussen. Der Konsument fragt nicht mehr, ob er ein Produkt wirklich braucht und welchen Nutzen es tatsächlich bietet, weil der Fokus vom Produkt wegführt und sich auf die mit diesem Produkt verbundene Idee richtet. Nur selten wird kritisch hinterfragt, ob sich die Verheißungen, die zu verkäuferischen Zwecken mit den Objekten verbunden werden, auch tatsächlich erfüllen. Vorstellungen, Ideen, Ideale und Emotionen sind eben immateriell und kein zwangsläufiger Bestandteil des Produkts selbst.

Die Werbung macht also dieselben leeren Versprechen wie Motivationstrainer: Das Erreichen von Zielen wird als etwas grundsätzlich Machbares hingestellt, das mit dem entsprechenden Willen und Portemonnaie sich schon einstellen wird. Doch genau in diesem Punkt sind die meisten Menschen gar nicht so frei, wie es den Anschein hat.

Trotz aller noch so positiven Verheißungen gibt es viele gute Gründe, auf die Verwirklichung der eigenen Vorstellungen bewusst zu verzichten. Liebe oder Verantwortung können beispielsweise enormen Einfluss auf die Ziele eines Menschen haben. Wer aufopfernd einen kranken Partner pflegt, stellt möglicherweise seine beruflichen Ziele hintan und sorgt damit nicht selten für großes Erstaunen in seinem Umfeld. Menschen, die einen solchen Schritt – zumal öffentlich – tun, werden aber auch bewundert: So erntete der SPD-Politiker und ehemalige Vizekanzler Franz Müntefering für seine Entscheidung, von allen Ämtern zurückzutreten, um sich um seine erkrankte Frau zu kümmern, großen Respekt und Anerkennung.

Es geht oftmals nicht nur um die Frage, was man erreichen will, sondern darum, was man erreichen soll. An diesem Punkt kommt unausweichlich die Ethik ins Spiel, über die am Ende noch zu sprechen sein wird. Und schließlich müssen es ja nicht nur totale Arbeitsverweigerer und faule Anarchisten sein, die sich dem Markt der Verheißungen klug entziehen und sich dabei immer wieder neu für Heinrich Bölls »Anekdote zur Senkung der Arbeitsmoral« begeistern können:

»In einem Hafen an einer westlichen Küste Europas liegt ein ärmlich gekleideter Mann in seinem Fischerboot und döst. Ein schick angezogener Tourist legt eben einen neuen Farbfilm in seinen Fotoapparat, um das idyllische Bild zu fotografieren: blauer Himmel, grüne See mit friedlichen schneeweißen Wellenkämmen, schwarzes Boot, rote Fischermütze. Klick. Noch einmal: klick. Und da aller guten Dinge drei sind und sicher sicher ist, ein drittes Mal: klick.

Das spröde, fast feindselige Geräusch weckt den dösenden Fischer, der sich schläfrig aufrichtet, schläfrig nach einer Zigarettenschachtel angelt; aber bevor er das Gesuchte gefunden, hat ihm der eifrige Tourist schon eine Schachtel vor die Nase gehalten, ihm die Zigarette nicht gerade in den Mund gesteckt, aber in die Hand gelegt, und ein viertes Klick, das des Feuerzeuges, schließt die eilfertige Höflichkeit ab. Durch jenes kaum messbare, nie nachweisbare Zuviel an flinker Höflichkeit ist eine gereizte Verlegenheit entstanden, die der Tourist – der

Landessprache mächtig – durch ein Gespräch zu überbrücken versucht.

»Sie werden heute einen guten Fang machen.«

Kopfschütteln des Fischers.

»Aber man hat mir gesagt, dass das Wetter günstig ist.«

Kopfnicken des Fischers.

»Sie werden also nicht ausfahren?«

Kopfschütteln des Fischers, steigende Nervosität des Touristen. Gewiss liegt ihm das Wohl des ärmlich gekleideten Menschen am Herzen, nagt an ihm die Trauer über die verpasste Gelegenheit.

»Oh, Sie fühlen sich nicht wohl?«

Endlich geht der Fischer von der Zeichensprache zum wahrhaft gesprochenen Wort über. »Ich fühle mich großartig«, sagt er. »Ich habe mich nie besser gefühlt.« Er steht auf, reckt sich, als wolle er demonstrieren, wie athletisch er gebaut ist. »Ich fühle mich phantastisch.«

Der Gesichtsausdruck des Touristen wird immer unglücklicher, er kann die Frage nicht mehr unterdrücken, die ihm sozusagen das Herz zu sprengen droht: »Aber warum fahren Sie dann nicht aus?«

Die Antwort kommt prompt und knapp. »Weil ich heute morgen schon ausgefahren bin.«

»War der Fang gut?«

»Er war so gut, dass ich nicht noch einmal auszufahren brauche, ich habe vier Hummer in meinen Körben gehabt, fast zwei Dutzend Makrelen gefangen …« Der Fischer, endlich erwacht, taut jetzt auf und klopft dem Touristen beruhigend auf die Schulter. Dessen besorgter Gesichtsausdruck erscheint ihm als ein Ausdruck zwar unangebrachter, doch rührender Kümmernis.

»Ich habe sogar für morgen und übermorgen genug«, sagt er, um des Fremden Seele zu erleichtern. »Rauchen Sie eine von meinen?«

»Ja, danke.«

Zigaretten werden in die Münder gesteckt, ein fünftes Klick, der Fremde setzt sich kopfschüttelnd auf den Bootsrand, legt die Kamera aus der Hand, denn er braucht jetzt beide Hände, um seiner Rede Nachdruck zu verleihen.

»Ich will mich ja nicht in Ihre persönlichen Angelegenheiten mischen«, sagt er, »aber stellen Sie sich mal vor, Sie führen heute ein zweites, ein drittes, vielleicht sogar ein viertes Mal aus, und Sie würden drei, vier, fünf, vielleicht gar zehn Dutzend Makrelen fangen – stellen Sie sich das mal vor.«

Der Fischer nickt.

»Sie würden«, fährt der Tourist fort, »nicht nur heute, sondern morgen, übermorgen, ja, an jedem günstigen Tag zwei-, dreimal, vielleicht viermal ausfahren – wissen Sie, was geschehen würde?«

Der Fischer schüttelt den Kopf.

»Sie würden sich spätestens in einem Jahr einen Motor kaufen können, in zwei Jahren ein zweites Boot, in drei oder vier Jahren vielleicht einen kleinen Kutter haben, mit zwei Booten und dem Kutter würden Sie natürlich viel mehr fangen – eines Tages würden Sie zwei Kutter haben, Sie würden ...«, die Begeisterung verschlägt ihm für ein paar Augenblicke die Stimme, »Sie würden ein kleines Kühlhaus bauen, vielleicht eine Räucherei, später eine Marinadenfabrik, mit einem eigenen Hubschrauber rundfliegen, die Fischschwärme ausmachen und Ihren Kuttern per Funk Anweisungen geben. Sie könnten die Lachsrechte erwerben, ein Fischrestaurant eröffnen, den Hummer ohne Zwischenhändler direkt nach Paris exportieren – und dann ...«, wieder verschlägt die Begeisterung dem Fremden die Sprache.

Kopfschüttelnd, im tiefsten Herzen betrübt, seiner Urlaubsfreude schon fast verlustig, blickt er auf die friedlich hereinrollende Flut, in der die ungefangenen Fische munter springen.

»Und dann«, sagt er, aber wieder verschlägt ihm die Erregung die Sprache.

Der Fischer klopft ihm auf den Rücken, wie einem Kind, das sich verschluckt hat.

»Was dann?«, fragt er leise.

»Dann«, sagt der Fremde mit stiller Begeisterung, »dann könnten Sie beruhigt hier im Hafen sitzen, in der Sonne dösen – und auf das herrliche Meer blicken.«

»Aber das tu' ich ja schon jetzt«, sagt der Fischer, »ich sitze beruhigt am Hafen und döse, nur Ihr Klicken hat mich dabei gestört.«

Tatsächlich zog der solcherlei belehrte Tourist nachdenklich von dannen, denn früher hatte er auch einmal geglaubt, er arbeiten, um eines Tages einmal nicht mehr arbeiten zu müssen, und es blieb keine Spur von Mitleid mit dem ärmlich gekleideten Fischer in ihm zurück, nur ein wenig Neid.[19]

Das bleibend Schöne an dieser Geschichte ist die stille Selbstverständlichkeit, mit der so etwas wie Genügsamkeit, Beherrschung, Einfachheit und Bescheidenheit als positive innere Haltungen dargestellt wird.

Die friedliche Gelassenheit, die der Fischer zu seinem Lebensprinzip gemacht hat, ist das Gegenteil von Zorn. Es ist jene Tugend, die dem Alter nachgesagt wird, aber die man auch in jungen Jahren erreichen kann.

Das ständige Setzen neuer Ziele, der Zwang, immer wieder neue Visionen erarbeiten zu müssen, Fristen zu definieren, Jahresziele zu formulieren, Tagesziele zu kontrollieren, dieses ständige rast- und ruhelose Aufbrechen zu immer neuen Ufern, das Entwickeln von Konzepten und Leitbildern, kann krank machen. Und das nicht nur im Arbeitsleben. Es gibt heute kaum einen Lebensbereich, auf den sich der Termindruck oder Zeitdruck der Menschen nicht auswirkt. Hektik und rastlose Geschäftigkeit sind im Privat- und im Berufsleben zu einer Zivilisationskrankheit ganz eigener Art geworden. Sie führen nicht nur zur Erschöpfung, sondern dauerhaft zu tiefen Sinnkrisen. Stets in Eile, immer in Hast, immer getrieben, immer unruhig um sich schauend, bis man schon zum nächsten Gipfelsturm bläst – das kann auf Dauer nicht gut gehen. Angestellte von hyperaktiven Chefs können davon genauso ein Lied singen wie die vernachlässigten Kinder hektischer Eltern. Unzählige Taschen- und Wandkalender traktieren ihre Benutzer tagtäglich mit dummen Sprüchen über die Kraft des Willens. Schon längst ist es unter Managern zu einer spöttischen Begrüßungsfloskel geworden: »Na, was machen Ihre Ziele?«

Haben wir selbst vergessen, was wir schon unseren Kindern von klein auf beibringen? Dass Ziele gut und wichtig sind, dass man sie aber nicht mit Wünschen verwechseln darf? Dass es an der Supermarktkasse nicht immer einen Schokoriegel oder ein Prinzessin-Lillifee-Heft einfordern kann, auch wenn es noch so zornig seinen Willen durchsetzen will? Ein Kind erfährt schon früh, dass es nicht alles bekommen kann, was es will, und lernt über die Jahre, mit der Frustration umzugehen, dass das so ist. Der Mensch lernt im Laufe seines Lebens, seine Grenzen zu akzeptieren – und dennoch machen sie uns immer wieder wütend.

Die Verheißung, dass jeder das erreichen kann, was er will, ist letztlich eine Aufforderung zum Egoismus. Sie lässt außer Acht, dass jeder Mensch Ängste hat, Gebrechlichkeiten, Dunkelheiten und Unwägbarkeiten. Und es ist irreführend, zu glauben, dass die Welt besser wäre, wenn jeder Mensch das erlangen könnte, was er will. Wie sähe eine solche Welt aus? Wären wir umgeben von makellosen vollbusigen Frauen, von Rama-Familien, die in den Vorgärten ihrer wunderschönen Einfamilienhäuser Federball spielen, von alerten Porschefahrern auf dem Weg zu ihrer zweiten Million? Second life als real life?

Ich fände es furchtbar, in solch einer Welt zu leben. Es liegt viel mehr Potenzial zur Veränderung – und vor allen Dingen zur Verbesserung – dieser Welt darin, den Menschen Mut zu machen, mit ihren Grenzen und Unwägbarkeiten zu leben.

Ein Leben, das sich nur um Selbstverwirklichung um jeden Preis oder um die Durchsetzung des eigenen Willens drehen würde, wäre verschenkt. Es fehlte an so altmodischen Tugenden wie Demut, Liebe oder Hingabe, Bescheidenheit, Schlichtheit oder Zurückhaltung und auch an der Fähigkeit, mit den eigenen Grenzen zu leben. Die Tugend, mit der der Zorn am ehesten bekämpft werden kann, ist die Gelassenheit. Darüber wird im Schlusskapitel noch nachzudenken sein. Hier nur so viel: Der Gelassene hängt seine Fahne nicht in den Wind und ändert nicht ständig seine Ansichten. Der Gelassene ist cool auf eine gar nicht kühle, berechnende Weise. Um Änderungen herbeizuführen, braucht er keine Motivationsseminare, sondern kann sein Herz still zu Gott erheben und beten:

Herr, gib mir die Kraft, Dinge zu ändern,
die ich ändern kann,
gib mir den Mut, Dinge hinzunehmen,
die ich nicht ändern kann,
und gib mir den Geist,
das eine vom andern zu unterscheiden.

Hochmut

Warum wir uns niemandem verdanken wollen

Der normale Mensch staunt über ungewöhnliche Dinge,
der weise Mann staunt über das Alltägliche.

Konfuzius

Erinnern Sie sich noch daran, wie stolz Sie als Kind waren, wenn Sie etwas fertiggestellt hatten – eine Bastelarbeit oder ein mit Wasserfarben gemaltes Bild? Die Bewunderung und Anerkennung der Erwachsenen war der würdige Abschluss des eigentlichen Schöpfungsprozesses. Aus Farben und Papier war ein Mehrwert entstanden: Das Ergebnis war mehr als die Summe seiner Teile, und wir wussten, dass wir dieses Ganze durch die eigene Gestaltungs- und Geisteskraft erzeugt hatten.

Kein Erwachsener käme auf die Idee, einem Kind, das stolz ein selbstgemaltes Bild präsentiert, nüchtern zu entgegnen: »Na ja, das Bild ist zwar ganz schön. Aber eigentlich war es keine große Leistung von dir, es zu malen. Schließlich hattest du einen Malblock und einen Farbkasten.« Und doch ist diese Haltung bei vielen Menschen vorherrschend und wird sogar oft als »kritisch« gewürdigt. Nur die Welt der Kinder wird glücklicherweise noch von ihr verschont.

Ein weiteres Beispiel: Ein Kind läuft bei einem Spaziergang durch den Park auf einen Rosenstrauch zu und guckt den Vater fragend an. Der würde doch wohl kaum eine Rose in die Hand nehmen, die Blätter abzupfen und die einzelnen Dornen abbrechen, sie neben den Stängel legen und zu dem Kind sagen: »Du wolltest wissen, was das ist. Hier siehst du es in allen Einzelteilen: Es ist eine Rose.«

Was macht die Ganzheit einer Sache aus? Diese Frage hat die Philosophen schon immer beschäftigt. Warum erhält man zwei Hälften, wenn man eine Gurke durchschneidet – und erzielt ein ganz anderes Ergebnis, wenn man das Gleiche bei einer lebendigen Katze macht? Eine Gurke bleibt eine Gurke, wenn man sie zerschneidet, aber bleibt eine Katze eine Katze? Und wie steht es um die Rose, wenn man sie auseinandernimmt?

Schon Aristoteles brachte es auf den Punkt: Das Ganze ist mehr als die Summe der Teile. Aus diesem Grund würde wohl jeder Vater seinem Kind das Wesen der Rose nicht wie oben beschrieben nahebringen, sondern als Gesamtkunstwerk der Natur: »Schau mal, wie schön die Blüte ist. Fühle, wie samtig die Blätter sind. Rieche mal daran – schließe die Augen und sauge ihren Duft auf. Merkst du, wie sie duftet? Schau, sie hat kleine Dornen am Stängel. Das ist eine Rose.«

Was pädagogisch vollkommen richtig scheint, ist aus naturwissenschaftlicher Perspektive hingegen grober Unsinn. Ein Naturwissenschaftler geht den Dingen in ihrer Seinsstruktur auf den Grund. Was dem Kind gegenüber brutal wäre, ist für den Naturwissenschaftler notwendig: Er *muss* die Rose in ihre Bestandteile zerlegen und die Frage, ob die Rose dann noch eine Rose ist, anderen überlassen – weltanschauliche Probleme haben bei seinem Versuch, das Wesen einer Rose zu erklären, keine Bedeutung. Dennoch drängt sich die Frage auf, ob sich die Naturwissenschaften heute tatsächlich nur auf ihre angestammten Gebiete beschränken. Ist nicht unser modernes, westliches Weltbild in weiten Teilen naturwissenschaftlich geprägt? Und ist dieses Weltbild geeignet, das Sein zu erfassen?

Diese Fragen erweitern den Zusammenhang, in dem die Todsünden bisher betrachtet wurden. In den vorangegangenen Kapiteln ging es primär um die Auswirkungen der genannten Todsünden auf das Menschenbild, also um eine bestimmte Sichtweise des Menschen. Jetzt – und im folgenden Kapitel – geht es um das Weltbild, um die Weltanschauung.

Weltbild und Menschenbild stehen wie kommunizierende Röhren miteinander in Verbindung, sie sind aufeinander verwiesen, sie bedingen und beeinflussen einander. Wir hatten schon oben den großen Bereich des Weltbildes gestreift und im Zusammenhang mit dem Begriff der Freiheit die falschen Ansätze des kommunistisch-marxistischen Weltbildes gezeigt. Schon dort wurde deutlich, dass sich jede der bisher betrachteten Todsünden auch auf das Weltbild auswirkt. Was aber ist die Sünde des modernen Weltbildes? Welche der sieben Todsünden könnte als Fehlhaltung aus der modernen Weltanschauung entstehen?

Es ist der Hochmut, wie ich in diesem Kapitel zeigen will. Im Mittelalter wurde dieser – wie beispielsweise am Freiburger Münster – oft in einem Ritter symbolisiert, der, fest in seine Rüstung eingezurrt, mit erhobenem Haupt auf seinem hohen Ross sitzt. Heute kehrt der Hochmut in den Kitteln der Naturwissenschaftler wieder, in Latexhandschuhen und steriler Schutzkleidung, die wie eine Uniform der Inbegriff für die heute gültige naturwissenschaftliche Weltanschauung ist.

Allein, schon der Begriff *Weltanschauung* ist schwer zu deuten. Wahrscheinlich gibt es so viele Definitionen wie Philosophen oder Denker, die sich mit der Begriffsklärung befasst haben. Im Deutschen drückt das Wort ziemlich genau das aus, was gemeint ist: eine bestimmte Sichtweise der Welt. Vielleicht ist deshalb dieses Wort in so viele europäische Sprachen als Lehnwort übernommen worden. Unter Weltanschauung versteht man heute weitgehend eine subjektive Deutung und Wertung der Welt, die durch Erziehung und persönliche Erfahrung vermittelt wird.

Je nachdem, in welchem Jahrhundert und welcher Kultur man groß geworden ist, welchen Beruf die Eltern haben und welchen man selbst ergreift, haben Menschen unterschiedliche Weltbilder, geprägt durch kontextabhängige, soziale und individuelle Erfahrungen. Meistens gibt aber die herrschende Strömung der Zeit das entsprechende Weltbild vor. Die Menschen wachsen also mit den Ideen auf, die für ihre Epoche typisch sind. So wird etwa das physikalische Weltbild heute weitgehend im Zusammenhang mit Albert Einstein gesehen, das biologische mit Charles Darwin und das religiöse mit Jesus oder Mohammed – um nur einige Beispiele zu nennen. Weltbilder haben etwas mit den »Glaubenssätzen« der jeweiligen Epoche zu tun.

Unbestritten können wissenschaftliche Erkenntnisse eine neue Weltanschauung erzeugen, indem sie die Weltsicht der Menschen verändern und so ein neues Weltbild hervorrufen. Ohne dass jemals darüber abgestimmt worden wäre, scheint es oft eine Art Konsens in der Gesellschaft über das herrschende Weltbild zu geben.

Nachdem sehr lange die Kirche das Weltbild vorgab, sind es in den vergangenen Jahrhunderten vor allem naturwissenschaftliche Erkenntnisse gewesen, die die Weltanschauung beeinflusst haben. Man erklärte die Welt nun mithilfe der physikalischen Gesetze, die entdeckt worden waren. Sie erscheint wie eine große Maschine, bei der unzählige verschiedene Räder miteinander verzahnt sind, ähnlich der Mechanik eines riesigen Uhrwerks. Deshalb nannte man dieses Erklärungsmodell für die Wirklichkeit auch das *mechanistische Weltbild.* Es hat ein Erklärungsmodell für die Wirklichkeit geliefert, das heute auch in nicht-naturwissenschaftlichen Bereichen selten hinterfragt wird.

Doch das mechanistische Weltbild reicht nicht aus, um die Welt mit all ihren Phänomenen zu erklären, denn Wirklichkeit ist mehr, als sich in physikalischen Gesetzen ausdrücken ließe. Würde man die Welt nur durch die naturwissenschaftliche

Brille betrachten, bliebe dem Menschen vieles verborgen. Und sogar der Mensch selbst bliebe unergründet. Denn was den Mensch zum Menschen macht, lässt sich nicht im Anatomiesaal einer Universität beantworten. Selbst wenn die Naturwissenschaft irgendwann den kompletten Gencode des Menschen entschlüsselt haben wird, werden viele Fragen offen bleiben – und neue Fragen auftauchen. Spricht uns die Feststellung, dass Gewalttäter über einen bestimmten Gendefekt verfügen, davon frei, sie zu bestrafen, zu therapieren und wieder in die Gesellschaft einzugliedern? Versündigen wir uns nicht, wenn wir die Naturwissenschaften dazu nutzen, bereits im Mutterleib wertes von unwertem Leben zu unterscheiden und womöglich in nicht allzu ferner Zukunft bei Embryonen sogar das Geschlecht oder die Augenfarbe aussuchen zu können?

Mit welchen Umwälzungen die Etablierung eines neuen Weltbildes einhergeht, das durch neue Erkenntnisse ausgelöst wird, zeigt sich am Schicksal des berühmtesten Astronomen. Nikolaus Kopernikus (1473–1543) wagte 1509 zu behaupten, die Erde sei gar nicht der Mittelpunkt der Welt, sondern bewege sich um die Sonne. Diese Erkenntnis kam einem Erdbeben gleich und stellte ein jahrtausendealtes Weltbild infrage. Der vermeintliche Mittelpunkt der Welt sollte nur eine kleine abgelegene Provinz im Weltall sein? Wie konnte es sein, dass die Erde sich um die Sonne dreht – müssten dann herunterfallende Gegenstände nicht eine schiefe Bahn beschreiben, und müsste man in der freien Natur nicht den »Fahrtwind« der rotierenden Erde spüren? Derartige Fragen erscheinen uns heute lächerlich, aber sie spiegeln wider, wie sehr die Menschen mit der Erschütterung ihres alten Weltbildes zu kämpfen hatten. Nicht umsonst spricht man bis heute von der kopernikanischen Wende.

Galileo Galilei (1564–1642) war es schließlich, der die These von Kopernikus mit seinen astronomischen Beobachtungen untermauerte. Mithilfe eines Teleskops hatte er einige Jupitermonde entdeckt und dadurch beweisen können, dass sich nicht alle Himmelskörper um die Erde drehen. Das geozentrische Weltbild mit dem Glauben an die Erde als Mittelpunkt des Kosmos, das bis ins 17. Jahrhundert in Staat, Kirche und Gesellschaft fest verankert war, geriet ins Wanken. Mehr noch: die Grundfesten all dessen, was bisher geglaubt worden war, fielen in sich zusammen.

Schließlich lieferte der Philosoph, Mathematiker und Naturwissenschaftler René Descartes (1596–1650) den philosophischen Unterbau zu dem neuen Weltbild, das durch die neue These eines streitbaren Astronomen eingeleitet worden war. In einer Winternacht des Jahres 1619 notierte sich der 23-jährige René drei Träume, die eine Wende in seiner Arbeit einleiteten. Er fasste den Vorsatz, mithilfe der analytischen mathematischen Methode eine für alle Wissenschaften anwendbare Grundlage zu erarbeiten. Dafür musste er mit der physikalischen Tradition, wie sie aus der Antike überliefert worden war, brechen.

Bis dahin hatte sich die Physik mit weit mehr als nur mit physischen Objekten beschäftigt. Zwar bezeichnet der griechische Begriff »physis« nichts anderes als das Sichtbare und Greifbare, war aber immer mit dem verbunden, was hinter dem Greifbaren, also hinter den Objekten, zu finden ist. Dieses »hinter« heißt auf Griechisch »meta«. Deshalb war für Aristoteles und alle seine philosophischen Nachfolger Physik nicht ohne Metaphysik denkbar. Die untersuchte Materie war das eine, der physikalisch nicht greifbare Geist war das andere. Bis Descartes auf den Plan trat und der Physik ganz systematisch das »Meta« nahm – mit langwierigen Folgen: Sein mathematisch-systematischer Ansatz in der Physik ist bis heute gültig, und nicht nur dort, wie wir noch sehen werden.

Vor allem die bis heute gültigen Auswirkungen auf das Verständnis vom Menschen waren immens. Selbst den menschlichen Körper beschrieb Descartes als bloße »Gliedermaschine«, als fleischlichen Apparat, der unabhängig von Seele und Geist funktioniert. Relevant war für Descartes nur die Materie, die Objektwelt. Mit dieser Sichtweise hat er stark dazu beigetragen, dass der Mensch sich heute immer mehr von seinem Körper entfremdet fühlt. Die Leute denken, dass sie einen »Körper haben« und davon unabhängig einen Geist und vielleicht auch eine Seele. Dabei machen nur Körper, Seele und Geist zusammen den Menschen – bilden sein individuelles Sein und das, was so altmodisch klingt und ganzheitlich betrachtet als »Leib« bezeichnet wird.

Nun wäre es übertrieben, Descartes anzuklagen; denn es war ja durchaus ein Fortschritt, die Wissenschaft auf dem Rationalen, auf dem objektiv Überprüfbaren und Nachweisbaren zu begründen. Aber durch das neue Paradigma des Rationalen entstand fatalerweise der Eindruck, das Emotionale, Sinnliche, Intuitive sei grundsätzlich unbrauchbar zur Erkenntnis der Welt. Damit wurde die Möglichkeit von Sinneswahrnehmungen, Intuitionen und Inspirationen geleugnet, die mit keiner noch so genauen und hochmodernen Technik gemessen werden können.

Hier deutet sich schon jene charakterliche Fehlhaltung des Hochmutes an, der so kennzeichnend für das moderne Weltbild wird. Der Hochmut erhebt sich über alles, was vor ihm war und um ihn herum ist, mit distanzierter Erhabenheit. Im Bewusstsein von tatsächlicher Größe spielt er seine Überlegenheit aus. Dem Hochmütigen geht es nicht um Recht oder Unrecht, über diese Kategorien ist er erhaben. Der kleine Kampf um Richtig oder Falsch ist seine Sache nicht. Er befasst sich seiner Ansicht nach mit dem wirklich Großen und Einmaligen, mit dem, was so sehr über allem Bisherigen ist, dass es unvergleichlich ist. Der Hochmut ist exquisit.

Im Gewande der entstehenden modernen Wissenschaften brachte Descartes eine vollkommen neue Sichtweise und ebnete mit dieser jenem Hochmut die Bahn, der bis auf den heutigen Tag so kennzeichnend für seine mechanistische Weltsicht ist. Die Welt nämlich, davon war Descartes zutiefst überzeugt, funktioniere wie eine große Maschine. Das ganze Universum mit seinen Planeten, mit den auf der Erde lebenden Menschen und Tieren laufe nach denselben Gesetzen, die wir bereits aus der Mechanik kennen. Um eine Maschine zu verstehen, muss man sie in einzelne Teile zerlegen und dann wieder zusammensetzen. Wenn Teile kaputt sind, funktioniert die Maschine nicht mehr, und man muss diese defekten Teile durch neue ersetzen. In der Vorstellung von Descartes war es nur eine Frage der Zeit, bis es möglich sein würde, sogar einen Menschen aus Einzelteilen zusammenzusetzen. Wenn man sich heute die Fortschritte in der Gentechnik anschaut, sind wir von dieser Vision nur noch einen kleinen Schritt entfernt.

Es ist nicht verwunderlich, dass das naturwissenschaftliche Weltbild eine große Überzeugungskraft hat und deshalb damals – wie alles Neue – eine große Faszination ausübte. Problematisch ist jedoch, dass sich dieses Weltbild nicht nur auf die Naturwissenschaften beschränkt. Und schon sind wir bei einer Fehlentwicklung angelangt, die zu einem zweifelhaften Menschenbild geführt hat: Auch die Biologie und die Medizin betrachten den Menschen wie das Räderwerk einer komplizierten Maschine, die man auseinanderbauen und wieder zusammensetzten und aus der man einzelne Teile herausnehmen kann, um sie durch ein gleichwertiges Ersatzteil auszuwechseln. Das Leben erscheint in dieser Sichtweise wie aus dem Baukasten.

Wenige Grundbausteine, so suggeriert das moderne naturwissenschaftliche Weltbild, werden immer neu zusammengesetzt. Das mechanistische Weltbild ist gekennzeichnet von der (gedanklichen) Zerlegung des Seins in einzelne Teile. In der Beilage »Natur und Wissenschaft« der FAZ war neulich eine entsprechende Überschrift zu lesen: »Lego mit dem Erbmolekül«, und in der Unterüberschrift hieß es: »Einfacher Bausatz aus DNS für komplexe Vielecke«.[20] Der erste Satz des Artikels begann dann so: »Maßgeschneiderte Moleküle werden (...) immer wichtiger, lassen sich mit ihnen doch äußerst komplexe Strukturen konstruieren« – als ob auch ein Mensch maßgeschneidert werden könne, zusammengesetzt frei nach dem »Legoprinzip«. Das Denken im Baukastenprinzip ist so sehr zum allgemeinen Verstehensmuster geworden, dass man es heute bei weitem nicht nur auf dem Gebiet der Naturwissenschaften findet.

Sogar in der Ökonomie war dieses Weltbild im 18. Jahrhundert die Basis, auf der sich die Theorie des Liberalismus entwickelte, nach der sich der Staat vollkommen aus der Wirtschaft herauszuhalten und sie dem freien Spiel der Kräfte zu überlassen hat. Wobei dieses ökonomische »Laissez faire« recht wenig mit dem gleichnamigen Erziehungsstil zu tun hat, der sich darauf gründet, die Kinder gerade nicht zu erziehen.

Die unseligen Auswirkungen einer solchen »liberalen« Wirtschaft offenbarten sich in jener Epoche, die als Manchesterkapitalismus in die Geschichtsbücher eingegangen ist. Infolge der industriellen Revolution waren in Großbritannien ab Mitte des 18. Jahrhunderts massive soziale Probleme entstanden; man hatte den Kräften des Marktes freien Lauf gelassen. Was damals passierte, erinnert an die Folgen des heute grassierenden Turbo-Kapitalismus: Aufgrund der Eigendynamik der freien Märkte wurden einige Reiche in rasanter Geschwindigkeit immer reicher, während viele ohnehin schon Mittellose völlig verarmten.

Diese negativen Erfahrungen führten im 19. Jahrhundert zu einer etwas gedämpfteren Form des Liberalismus, dem sogenannten klassischen Liberalismus. Bei diesem Modell spielte zwar das Gemeinwohl wieder eine Rolle, letztlich aber ging auch er davon aus, dass das Gemeinwohl in einem freien Markt durch das eigennützige Streben der Menschen am besten gefördert werde.

In unserer heutigen stark globalisierten Welt haben (neo-) liberalistische Thesen Konjunktur, in der Wirtschaftswelt sind sie sogar Common Sense. Die staatliche Einmischung in die Wirtschaft und auch die Vorsorgefunktion des Staates gegenüber Bedürftigen zu reduzieren genießt bei den Neoliberalen höchste Priorität.

Das oberste Ziel einer neoliberalen Marktwirtschaft ist die möglichst weitgehende Selbststeuerung der Märkte, deshalb lautet das Glaubensbekenntnis des Neoliberalismus: »Die Weltprobleme werden dadurch gelöst, dass man der Wirtschaft die Führungsrolle vor der Politik überlässt«. Nach Ansicht der Neoliberalen wird es also automatisch (!) zur gerechten Verteilung der Güter und zu Wohlstand für alle Menschen auf dieser Welt kommen, wenn man die Wirtschaft sich selbst überlässt.

Dabei machte schon der Nationalökonom Max Weber darauf aufmerksam, dass sich in einem vollkommen unregulierten Markt ungute Monopole bilden, die den notwendigen Wettbewerb aushebeln. Er warnte davor, den Gesetzen der Wirtschaft naturwissenschaftlichen Charakter zuzuschreiben. Sie würden dann nämlich als unabänderlich gelten. Gegen Naturgesetze aber kann der Mensch nichts oder nur wenig tun, und sie sind letztendlich auch nicht ethisch zu bewerten – so wie man auch die Wolkenbildung oder die Gezeiten nicht als gut oder böse bezeichnen kann.

In Deutschland hat der Neoliberalismus außer in der FDP nie viele Anhänger gehabt – und diese werden angesichts der größer werdenden Kluft zwischen Arm und Reich im Land von immer lauteren Rufen nach mehr staatlichen Eingriffen übertönt. Diese gehen nicht nur von der Linkspartei aus. Die Forderung nach mehr staatlicher Lenkung von wirtschaftlichen Prozessen ist selbst bei den großen Volksparteien und im konservativen Lager unüberhörbar. Vom Mindestlohn bis hin zur Festsetzung von Obergrenzen für Managergehälter soll der Staat bitteschön seinen Einfluss auf die ökonomischen Prozesse geltend machen, wünschen sich auch viele Bürger im Land. Und willfährig reagieren die Parteien darauf mittels Abänderung ihrer Grundsatzprogramme.

Die globalisierte Weltwirtschaft jedoch läuft längst nach neoliberalen Prinzipien ab. Sosehr auch innenpolitisch nach staatlichen Eingriffen gerufen wird – diese Appelle an die Politik verhallen in der Weltwirtschaft ungehört. Hier scheinen derzeit die entfesselten Kräfte einer vollkommen ungelenkten Wirtschaft freie Bahn zu haben. Das wirkt freilich auf die Innenpolitik zurück und macht den Ruf nach geregelten Märkten noch viel stärker. Ohne den Wettbewerbsdruck aus den Billiglohnländern würde hierzulande kaum jemand über eine Flexibilisierung des Arbeitsmarktes, Lohnsenkungen und Sozialabbau reden. Nun aber fühlen sich sogar die verhältnismäßig reichen Deutschen von den freien Weltmärkten unter Druck gesetzt und diskutieren, ob sie nicht vielleicht doch zu den Gewinnern der Globalisierung gehören können, wenn sie neoliberalistische Ideen nur gründlich genug in die Tat umsetzen. In der Innenpolitik prallen so zwei Lager aufeinander: Diejenigen, die nach mehr staatlicher Lenkung rufen, stehen gegen jene, die vom neoliberalen Geist der Weltwirtschaft beflügelt sind. So gesehen gründet die linke Renaissance in Deutschland auf einem Angstreflex vor den Folgen der neoliberalen Weltwirtschaft. Angesichts des viele Jahrzehnte recht großzügigen Sozialstaats und der ausgeprägten Angstneigung der Deutschen ist das allerdings kein Wunder.

Ich möchte im Zusammenhang mit der aktuellen Renaissance dieser Wirtschaftstheorien noch etwas über »Globalisierungsgegner« sagen. Schon das Wort stellt diese Bewegung in ein völlig falsches Licht. Es geht denen, die auf die Schattenseiten der Globalisierung aufmerksam machen, nicht in erster Linie um Gegnerschaft. Wie könnte auch ein so mächtiger globaler Prozess allein durch wortgewaltige Kritik aufgehalten werden? Die immer mehr und lauter werdenden Mahner eint eine kritische Haltung gegenüber einer Weltwirtschaft, in der Milliarden Menschen in einem ungezügelten Markt unter die Räder der mechanistischen Wirtschaftsgesetze kommen.

Der größte Teil der Weltbevölkerung ist arm, leidet unter unmenschlichen Arbeitsbedingungen und zunehmend auch unter Hunger. Und das nicht, weil unser Planet nicht alle Erdenbürger ernähren könnte. Vor allem den Menschen in den ärmsten Gegenden der Welt wird durch Flächenrodungen, Umweltveränderungen oder ausbeuterische Firmen die Grundlage für den Nahrungsanbau genommen. Aber auch ein deutscher Handwerker kann schnell unter die Räder einer neoliberalen Weltwirtschaft kommen, wenn ihm infolge des Freizügigkeitsgesetzes die osteuropäische Konkurrenz das Leben schwermacht oder ihn sogar in den Bankrott treibt.

Globalisierungsgegner kritisieren jene Entwicklungen, die gut für die Märkte sein mögen, aber schlecht für die Menschen sind, weil der Wettbewerb über Sieg oder Niederlage, über Nützlichkeit oder Aussortiertwerden entscheidet. Globalisierungsgegner stehen auf gegen unmenschliche Wirtschaftsprinzipien, gegen die seelenleere Verknechtung des Menschen, gegen das Diktat des Marktes und gegen Wettbewerb ohne Wenn und Aber, ohne Berücksichtigung der katastrophalen Folgen. Selbst die destruktiven Seiten jener Großdemonstrationen am Rande der alljährlichen Weltwirtschaftsgipfel können nicht darüber hinwegtäuschen, dass Globalisierungsgegner vielleicht idealistische Träumer sind, aber zugleich auch realistische Kenner dessen, wozu Menschen fähig sind, die ihrer Gier freien Lauf lassen, weil sie sie mit den Gesetzen des Neoliberalismus rechtfertigen können.

Natürlich wäre es schön, wenn John Lennon mit seinem Song »Imagine« recht hätte. Wäre es nicht wunderbar, wenn es den Menschen nicht um Besitztümer ginge, wenn sie keine Gier und keinen Hunger kennen würden, wenn die Menschen brüderlich lebten und die Schätze der Welt miteinander teilten? Aber die Realität sieht eben leider anders aus – nicht umsonst verweist John Lennons Lied auf das Reich der Imagination. Und solange dies so bleibt, ist auch die kühnste Vorstellung einer gelungenen Globalisierung nur eine Illusion.

Der Traum von einer großen, globalisierten Welt, in der Frieden und Gerechtigkeit herrschen und jeder Mensch ein menschenwürdiges Leben führen kann, ist kaum zu verwirklichen, solange die westliche Welt eine Wirtschaftstheorie zu einem Weltbild macht, gegen dessen systemimmanente Ungerechtigkeiten man scheinbar nichts tun kann. Es wird sich nichts ändern, solange solch ein Weltbild für die Vertreter des großen Kapitals eine praktische Sache ist.

Doch es zeigt sich, dass sich diese Haltung auch bitter rächen kann. Das Fehlen bestimmter Regelmechanismen des Marktes hat bereits mehrere Wirtschaftskrisen und Börsencrashs ausgelöst. So bewirkten im September 1869 Goldspekulationen an der Wall Street vermutlich den ersten schwarzen Freitag. Vier Jahre später, 1873, platzte die Spekulationsblase der deutschen Wirtschaft, weil innerhalb kurzer Zeit niemand mehr völlig überteuerte Wertpapiere kaufen wollte. Banken wurden zahlungsunfähig, und das Geld verlor rasch an Wert. Die aufziehende Depressionsphase ist heute als Gründerkrise (und gleichzeitig als Ende der Gründerzeit) bekannt. Am 24. Oktober 1929 schließlich löste der spekulativ überbewertete Aktienmarkt in den USA die Weltwirtschaftkrise aus, die Goldenen Zwanziger waren vorbei. In den folgenden Jahren musste die Menschheit abermals bitter lernen, wohin die ungelenkte Entfaltung der Marktgesetze führen kann. In jüngster Zeit sind die Raubprivatisierungen in Russland nach der Implosion des Sowjetreiches ein bedrohliches Beispiel dafür, wohin die entfesselten Kräfte einer vollkommen apolitischen Ökonomie führen. Apolitisch heißt hier eben auch: amoralisch.

Die Ethikabstinenz des neoliberalen Marktwirtschaftsmodells wurde in letzter Zeit immer wieder öffentlich diskutiert, und zwar am Beispiel der grotesk hohen Gehälter der Manager. Deren Bezüge und Abfindungen haben teilweise eine Größenordnung erreicht, die mit der Vorstellungskraft eines Normalverdieners nicht mehr zu erfassen sind. Die Gewinne der DAX-Unternehmen schnellen Jahr für Jahr in die Höhe; im Vergleich zum Vorjahr haben die Gehälter der Vorstandschefs der 30 größten deutschen Unternehmen 2006 um 18,6 Prozent zugenommen. Die durchschnittlichen Bezüge der DAX-Vorstände beliefen sich auf 4,6 Millionen Euro. Damit kletterte das Durchschnittsgehalt der Topmanager zwischen 2003 und 2006 um mehr als die Hälfte (52 Prozent). Das durchschnittliche Gehalt eines »einfachen« Vorstandes belief sich im vergangenen Jahr auf 2,5 Millionen Euro und lag damit um gut 16 Prozent über dem Vorjahr.[21]

Die öffentliche Empörung ist angesichts dieser Summen verständlicherweise groß, umso mehr, als alle Appelle an die Aufsichtsräte, einer solchen Entwicklung Einhalt zu gebieten, ungehört verhallen. Schlimmer noch: Selbst der öffentliche Proteststurm gegen derartige Erhöhungen der Vorstandsbezüge hielt die Aufsichtsräte im Jahre 2006 nicht davon ab, sich selbst einen Zuschlag von 15,3 Prozent zu bewilligen, so dass der durchschnittliche Bezug eines Aufsichtsrates (ohne Aufsichtsratsvorsitzenden!) knapp 100 000 Euro betrug. Das sind für einen angestellten Normalverdiener mit einer allgemeinen Gehaltssteigerungsrate von 1,4 bis 3,0 Prozent nicht mehr nachvollziehbare Größen. Und es wirkt zynisch, wenn ein Topmanager angesichts der Kritik achselzuckend auf die Gesetze der Marktwirtschaft verweist: Wenn es der Markt hergibt, wäre ich schön dumm, es nicht zu nehmen.

Aber das ist zu kurz gedacht; die Mechanismen des Marktes »funktionieren« zwar ganz ähnlich wie Naturgesetze, sind aber doch beeinflussbar. Der Mensch kann durchaus regulierend eingreifen, und sei es auch nur mittels verbindlicher Selbstbeschränkung.

Ein positives Beispiel sind die Bemühungen von ethisch orientierten Managern, die die Höchstgrenze ihres Gehaltes beim Hundertfachen eines Durchschnittsverdieners in ihrem Unternehmen setzen. Ich kenne eine deutsche Firma, die auf dem Weltmarkt sehr erfolgreich tätig ist und sich bei der Bezahlung ihrer Führungskräfte nach dieser Formel richtet. Solche Prinzipien weisen in die richtige Richtung, da sie als rechnerische Grundlage die Gehälter der eigenen Angestellten nehmen und nicht die gigantischen Summen, die Topmanager beispielsweise in den USA beziehen.

Sich beim Lohngefüge der Topmanager nach dem zu richten, was in einem ganz anderen sozialen und wirtschaftlichen Kontext eines fernen Landes üblich ist, hieße Äpfel mit Birnen zu vergleichen. Es grenzt schon an Zynismus, wenn immerzu die USA als Maßstab für exorbitante Löhne genannt werden. Es ist sowieso ein zweifelhaftes Unterfangen, sich in moralischen Fragen nach anderen zu richten.

Aber zurück zu den quasi-naturwissenschaftlichen Wirkungen der Marktmechanismen und den Möglichkeiten des Menschen, in diese einzugreifen. Beispielsweise dient auch das Regelwerk der EU dazu, die Geld-, Finanz- und Warenströme zu lenken. Es geht dabei beispielsweise um den Schutz des Binnenmarktes vor extrem niedrigen Preisen auf dem Weltmarkt, oder um den Verbraucherschutz. Eines der jüngsten Beispiele dafür, wie Brüssel in die wirtschaftlichen Prozesse einzugreifen versucht, ist der unübersichtliche Markt der Handy-Tarife und Roaminggebühren. Als die EU die Netzbetreiber verpflichtete, die Preise zu senken, wurde das positiv aufgenommen – zu Recht. Wenn aber durch den Schutz des Binnenmarktes bestimmte Preise höher als auf dem Weltmarkt sind und der Bürger weniger von solchen Direktiven profitiert, dann schimpft er über den »Circus Maximus« in Brüssel.

Man muss kein Prophet sein, um voraussagen zu können, dass es in den kommenden Jahren eine für die Politik zusehends schwierigere Gratwanderung zwischen den verschiedenen Markttheorien geben wird, weil den unterschiedlichen Vorstellungen vom menschlichen Wirtschaften vollkommen andere Weltbilder zugrunde liegen.

Die neoliberale Theorie von Marktwirtschaft, die wir hier ein wenig eingehender betrachtet haben, entwächst dem mechanistischen Weltbild und überträgt es auf ökonomische Prozesse. Man könnte deshalb auch von einer mechanistischen Idee von Marktwirtschaft sprechen. Einmal mehr wird hier deutlich, wie sehr das mechanistische Weltbild unser gesamtes Denken beeinflusst und überformt hat. Mehr noch: Das mechanistische Weltbild hat in unserer heutigen Gesellschaft den Stellenwert einer Heilslehre erlangt. Das gläubige Volk schaut mit offenen Mündern zu den preisgekrönten Häuptern professoraler Würdenträger, die vor der erlauchten Gemeinde der Wirtschaftsbosse und Politiker ihre Theorien darlegen.

Vor dem Hintergrund dieser gegenwärtigen Wissenschaftshörigkeit besteht für den kenntnisreichen und modernen Wissenschaftler die wirklich große Verführung, in die alte Sünde des Hochmuts zu verfallen. Der Hochmut vernichtet jede wirkliche Erkenntnis; der Hochmütige schottet sich ab und hat es nicht nötig, sich mit den mittelmäßigen Argumenten der Masse abzugeben. Sein Spezialwissen macht ihn unantastbar. Er steht erhaben über jedem Zweifel an sich selbst und blickt auf die herab, die nicht so gebildet, nicht so klug und redegewandt sind wie er und verstanden haben, wie die Welt funktioniert. Es ist ein Gunstbeweis, wenn er sich überhaupt an inhaltlichen Diskussionen beteiligt; eine neue Erkenntnis erwartet er sich davon nicht. Wer könnte ihn noch etwas lehren? Anstelle wissenschaftlichen Forschergeistes tritt bei ihm herablassende Jovialität. Der Hochmütige ist anmaßend, wenn er Stellung beziehen muss, etwas zu erklären ist seine Sache nicht. Er verbreitet das Gefühl von Stärke, aber es steckt nichts dahinter.

Hochmut ist eine Luftblase, eine Chimäre, ein Trugbild. Dahinter steckt inhaltsleere Arroganz. Doch das ist nur schwer zu erkennen, weil sich der Hochmut fein anzuziehen weiß. In unserer Zeit zeigt er sich ganz in dem seriösen Gewand der Wissenschaft und tritt in diesem Kleide sicher und gepflegt auf. Aus seiner vermeintlich erhabenen Position fällt es dem Hochmütigen leicht, andere Menschen selbstgefällig nach seinen mechanistischen Kriterien zu beurteilen – und gegebenenfalls nach eben diesen Kriterien auszusortieren. Nicht selten vergleicht er Menschen mit einem Computer: wer etwas vergisst, hat es nicht im »Arbeitsspeicher«; wer langsam ist, hat einen veralteten »Prozessor«, und ein Herzinfarkt ist gleichbedeutend mit einem Systemabsturz.

Es ist schockierend, wie sehr das mechanistische Weltbild unsere Sprache beeinflusst hat, wie unser Sprechen unser Denken entlarvt. Maschinen kann man bedienen, Menschen kann man dienen. Maschinen funktionieren, Menschen leben.

Die Menschen scheinen das vergessen zu haben. Es ist heute ja beinahe üblich, statt sich zu entspannen oder neue Energie zu schöpfen, einfach »aufzutanken«. Geradezu inflationär wird auch der Begriff »Power« verwendet und gedankenlos vom Ladewert der Batterie auf den Menschen übertragen. Gegen gelungene Wortspiele ist nichts einzuwenden, doch diese Begriffe stehen für ein bestimmtes Denken, das mit Menschlichkeit nicht allzu viel zu tun hat.

Vollends an ihre Grenzen stößt die mechanistische Betrachtungsweise, wenn es um menschliche Beziehungen geht. In einer Freundschaft oder Partnerschaft kann es immer wieder zu Spannungen und Missverständnissen kommen, weshalb die Beziehung irgendwann nicht mehr »funktioniert«. Kann man sie dann noch »reparieren«? Und wenn ja, wie?

Die Mechanik einer kaputten Uhr kann man wieder instand setzen, ein gebrochenes Herz eben nicht. Und die Beziehung zwischen zwei Menschen ist etwas anderes als ein Schaltkreis. Um mit anderen Menschen erfüllt zu leben, bedarf es der Fähigkeit zu Vergebung und Versöhnung. Sind nämlich die Probleme zwischen zwei Menschen behoben, ist die Beziehung nicht einfach nur repariert und der Regelkreis wieder intakt, sondern auf eine neue Stufe getreten. Die gelösten Probleme erzeugen eine – oft als »Glück« beschriebene – neue Qualität der Beziehung.

Die erfahrbare Wirklichkeit des Lebens ist mehr als das, was sich mit den Begriffen des mechanistischen Weltbildes beschreiben lässt. Wir sind dabei, dieses »Mehr«, diese Ganzheit des Lebens, zu verlieren, indem wir es höchstens als romantische Attitüde akzeptieren, die mit der Realität nichts zu tun haben darf. Damit fällt das Gefühl, die Lebendigkeit, die Menschlichkeit dem Hochmut zum Opfer. So katapultieren wir uns in eine selbst gebastelte, sterile Plastikwelt.

Plastik ist in den vergangenen Jahrzehnten der Symbolträger für die Welt, in der wir leben, geworden. Dieser faszinierende Werkstoff hat alles verändert; ein paar Kügelchen stehen am Anfang, werden zusammengewürfelt, geschmolzen, gefärbt und geformt. Plastik ist biegsam, bunt und unendlich haltbar. Holz hat seine Grenzen, Metall und Beton ebenfalls. Plastik ist nahezu grenzenlos. Alles wird machbar, formbar, gestaltbar. In dieser Plastikwelt wachsen unsere Kinder heran. Mit Spielzeugmenschen, die man beliebig auseinandernehmen und zu neuen Figuren zusammensetzen kann – früh übt sich, wer ein erfolgreicher Genbiologe werden will.

Es geht hier nicht darum, die Naturwissenschaften zu verdammen; eine naturwissenschaftliche Wahrnehmungsweise muss nicht zwangsläufig zum Hochmut führen. Sie kann auch demütig machen. Darüber wird am Ende dieses Buches bei der Tugendlehre noch zu sprechen sein. Einstweilen so viel noch dazu: demütiges Staunen über eine naturwissenschaftlich nicht erklärbare Ganzheit ist besser als das hochmütige Naserümpfen über eine unwissenschaftliche Betrachtungsweise des Seins.

Wer die Welt nur nach dem mechanistischen Weltbild betrachtet, ist ein armer Mensch. Er sieht keine Schönheit in den Dingen, er kennt kein Staunen – obwohl der Physiker Werner Heisenberg einmal gesagt haben soll, er könne nur Naturwissenschaften betreiben, weil er noch zu staunen vermöge.

Natürlich ist es banal, darauf hinzuweisen, dass man sich über die kleinen Dinge freuen soll, und ich gehöre auch nicht zu den Menschen, denen beim Anblick von Teddybärchen am Rucksack oder Schlüsselbund das Herz aufgeht. Aber reagiert der Mensch nicht nur im Staunen adäquat auf eine Wirklichkeit, die er als groß und schön erlebt? Wer zu staunen vermag, kann auch noch etwas lernen, kann sich noch freuen über die kleinen und großen Begegnungen auf dem Weg des Lebens: Über die Morgenröte in den Bergen, über den Nebel am Fluss, über das Gras und die Blumen am Wegrand, über die Augen eines Menschen und meinetwegen sogar über das Funktionieren eines Computers.

Es ist so viel Oberflächliches, Kitschiges und Unsinniges über Gefühle gesagt und geschrieben worden, dass man unweigerlich in der harmonietriefenden Sentimentalitätsecke landet, sobald man sich damit beschäftigt – als sei jeder, dessen Weltbild ein wenig verträumter, gefühlvoller und feinsinniger ist, ein unheilbarer Romantiker, der den »Kleinen Prinzen« seitenweise auswendig gelernt hat. Aber das wirkliche Staunen ist mehr als das, was sich als affirmativer Morgengruß in spirituellen Tisch- und Wandkalendern findet. Staunen veranlasst die Menschen zum Philosophieren, wie Aristoteles es einmal ausgedrückt hat – und diese Kunst gilt es wieder zu erlernen. Galileo Galilei hat einmal gefragt: »Wann werde ich zu staunen aufhören und zu begreifen beginnen?« Aber muss man nicht eher sagen: Wer nicht staunen kann, der hat noch nichts begriffen?

Eigentlich müssten wir immer dann eine Gänsehaut bekommen, wenn wir erkennen, dass uns in allem eine einzigartige Ganzheit begegnet, die mehr ist als die Summe der Teile – denn jedes Sein ist ein Unikat.

Habgier

Warum wir im Leben nicht
alles unter Kontrolle bekommen

Wenn alles messbar wird,
wird alles zum Objekt.

Kaum ein Gegenstand, kaum ein Zusammenhang, ja nicht einmal der Mensch selbst kann sich heute einer Quantifizierung und Kategorisierung entziehen. Das Einordnen und Klassifizieren ist so selbstverständlich geworden, dass ein Seinsverständnis jenseits der zwingend-logischen naturwissenschaftlichen Weltordnung schlichtweg nicht möglich zu sein scheint.

Unser alltägliches Leben ist bestimmt von Hitlisten und Rankings, von zu überwindenden Entfernungen in Kilometern oder Stunden, vom Gewicht des Neugeborenen bis hin zum persönlichen Wunschgewicht beim Blick auf die Waage. Zeit und Geld, die wichtigsten Größen unserer Zeit, sind in kleine, ja sogar kleinste Messeinheiten gegliedert – wahrscheinlich, weil man von beidem nie genug haben kann. Aufs Zehntel genau wird bezahlt, aufs Hundertstel hinter dem Komma wird der Käse abgewogen, aufs Tausendstel werden Währungskurse und sportliche Leistungen berechnet, in Prozent werden Zinsen und Gehaltserhöhungen ermittelt und in Promille der Alkohol im Blut.

Wie stark die präzise Messbarkeit inzwischen den Alltag bestimmt, merkt man an den hochsensiblen Waagen der Fleischtheke und den entsprechenden Fragen der Verkäufer. »Darf's ein bisschen mehr sein?« – eine Frage, die es auf den Bauernmärkten der vergangenen Jahrhunderte nicht gab. Auch in den Nachrichten wird präzise darüber berichtet, wie hoch die CO_2-Belastung der Luft, die Kokainkonzentration im Rhein und die Östrogenwerte des Trinkwassers sind.

Dagegen ist im Prinzip nichts einzuwenden, und es wird immer Menschen geben, denen es Freude macht, auch die irrelevantesten Messdaten zu erheben, einfach nur, weil es möglich ist. Für diese Forscher gibt es sogar einen ganz besonderen Preis, der seit 1991 einmal im Jahr von der ehrwürdigen Harvard University vergeben wird: der Ig-Nobelpreis für obskure wissenschaftliche Arbeiten. Ig steht für »ignoble«, was so viel heißt wie seltsam, schmählich, sinnlos.

Es ist wirklich seltsam, wenn Wissenschaftler die Nebenwirkungen des Schwertschluckens untersuchen, eine »Gay-Bombe« entwickeln (die im Kriegsfalle feindliche Truppen mit speziellen Hormonen besprüht, welche sie schlagartig zu Homosexuellen machen sollen), wenn sie nachweisen, dass sich Heringsschwärme untereinander durch Flatulenzen verständigen oder Viagra die Auswirkungen des Jetlags mildern kann – allerdings nur bei Hamstern.[22] Und obwohl es nicht wirklich interessant ist, wie viel Liter Wasser pro Minute den Rheinfall herunterbrausen, welche Geschwindigkeit der Tennisball bei einem Aufschlag Boris Beckers hat oder mit welchem Tempo ein Fernschuss ins Tor geht – es wird gemessen und kundgetan.

Die meisten Menschen können mit derartigen Angaben gar nichts anfangen, und es gibt weitaus imponierendere Möglichkeiten, sich beispielsweise die Wucht eines Torschusses zu verdeutlichen. Ich bin nach wie vor von einem Elfmeter beeindruckt, den Günter Netzer so hart ins Tor schoss, dass die Hand des englischen Torhüters noch Monate später verstaucht war.

Natürlich ist der Wunsch nachvollziehbar, alles zu analysieren und zu messen, gehört er doch auch zu jener treibenden

Neugier, die im Laufe der Menschheitsgeschichte zu vielen neuen Entdeckungen und Erkenntnissen führte. Wer die »Sternstunden der Menschheit« von Stefan Zweig gelesen hat, in dem dramatische Momente im Leben historisch bedeutender Persönlichkeiten geschildert werden, mag eine Vorstellung davon bekommen haben, welche Beweggründe die großen Erfinder und Endecker trieben. Und spätestens seit dem erfolgreichen historischen Roman »Die Vermessung der Welt« von Daniel Kehlmann hat man auch einen Blick für so skurrile Sonderlinge wie Gauß und Humboldt, die jeder auf seine Weise dazu beigetragen haben, die Welt mit Vermessungen, mit Formeln und mathematischen Erkenntnissen zu bereichern.

Das Streben nach Erkenntnisgewinn ist eine der bedeutendsten Triebfedern des Menschen. Deshalb ist es nur zu verständlich, dass der Wille nach Messbarem sich auch auf Gebiete erstreckt und vorwagt, die den exakten Naturwissenschaften fremd sind. So exakt sind diese übrigens gar nicht, denn seit der Physiker Werner Heisenberg im Jahre 1927 seine Theorie von der grundsätzlichen Unmöglichkeit bestimmter Messungen publiziert hat, gibt es sogar in der Physik jene prinzipielle Unbestimmbarkeit von Materie.

Was aber steckt hinter dem naturwissenschaftlichen Weltbild mit seinem Mantra von der totalen Messbarkeit? Diese Frage ist umso dringender, als sich hier eine Regulierungs- und Kontrollwut offenbart, die viel mit dem im letzten Kapitel angesprochenen Hochmut gemein hat. In diesem allumfassenden Anspruch des Menschen, der seine tatsächliche Ohnmacht angesichts des Nichtkalkulierbaren zu negieren versucht, macht seine Gier nach Messdaten vor keinem noch so großen Schwachsinn halt. Messergebnisse sind praktisch; sie sind universell, nachvollziehbar, wiederholbar und müssen nicht erklärt werden. Eingeweihte, Kenner und Fachleute wissen, wie man derartige Daten liest, bewertet und einordnet.

Messdaten wirken klinisch rein. Sie sind staubfrei, keimfrei und in ihrer Sterilität (scheinbar) frei von jeder ideologischen Belastung, sind resistent gegen philosophische Erklärungen und in ihrer kristallinen Klarheit schon allein deswegen überzeugend, weil sie von seriösen Forschern ermittelt wurden. Wissenschaftlich belegt! Dieser Zusatz macht jede Diskussion überflüssig – ein modernes Totschlagargument.

Naturwissenschaftliche Fakten sind glatt. Der Philosoph rutscht an ihnen ab, der Zweifler stürzt auf ihrer spiegelnden Oberfläche und fällt hart auf den Schädel. Naturwissenschaftliche Datenerhebung ist resistent gegen die Bakterien des Argwohns. Nur Zahlen zählen. Sie machen süchtig; man kann ihrem uralten Zauber verfallen. Es kann zur Manie werden, mit naturwissenschaftlichen Messdaten und mathematischen Formeln umzugehen – und auf ihrer Basis sogar neue Weltbilder zu gründen.

Im klinisch reinen Tempel der Wissenschaft hat sich eine Habgier eigener Art entwickelt. Die emsig Forschenden, Messenden und Laborierenden wollen des Seins habhaft werden. Alles Unwägbare und Unfassbare wird verdrängt. Die alte Todsünde der Habgier hat sich einen weißen Kittel angezogen und zieht ihre Apparaturen und Messgeräte hinter sich her, sie lässt die Dioden leuchten und die Zahlenkolonnen länger und länger werden bis – heureka! – ein neuer Zusammenhang zwischen A und B hergestellt ist.

Habgier ist der außer Kontrolle geratene Wissensdurst des Forschers. Der Habgierige ist ein Sammler. Er sammelt, um zu besitzen. Er rastet und ruht nicht, bis er seine Gier gestillt hat. Der Habgierige kann nicht loslassen. Verkrampft fesselt er sich an seine Gier und ist schon längst ihr Opfer. Familie, Freunde und Beziehungen opfert er seiner Sucht. Körperlichen Ruin und gesundheitliche Schäden nimmt er als Begleiterscheinungen hin.

Der Gierige will Kontrolle, will Macht. Habgier ist unabhängig vom Nutzen. Allein das Habenwollen ist wichtig. Die Verwendung des Besitzes, seine Einordnung in eine Gesamtheit und in menschliche Bezüge ist nebensächlich. Was der Habgierige hat, das behält er. Er geizt mit dem, was er sich angeeignet hat, mit Gefühlen, mit Wärme und Verständnis. Er ist rücksichtslos. Seinem Ziel opfert er alles – auch sich selbst.

Der Habgierige ist nie zufrieden. Habgier sprengt den Rahmen des normalen, gesunden Besitzstrebens und verschließt sich jeder rationalen Begründung, deshalb ist sie auch so schwer therapierbar. Die Partner von besessenen Sammlern können ein Lied davon singen. Ob es nun eine Sammlung von Bierdeckeln ist oder ob es sich um Porzellanfigürchen handelt, ob es eine edle Weinsammlung im Keller ist oder die gesammelten Abendkleider einer Luxusmarke im heimischen Kleiderschrank – der materielle Aufwand ist weniger entscheidend für das Ausmaß dieser Sammelgier als der Anspruch auf die Absolutheit beim Sammeln im Gegensatz zu ihrem Nutzen.

Wie eine gallige Flüssigkeit läuft die Habgier in jede noch so kleine Ritze des Herzens, wie Asche legt sie sich auf die Seele eines Menschen. Gier macht krank. Sie engt das Sichtfeld ein. Das Herz des Habgierigen krampft sich zusammen wie seine Faust um den Geldbeutel. Der Habgierige ist angespannt, steif und humorlos. Er beobachtet genau. Was ihn interessiert, das merkt er sich. Auf seinem Spezialgebiet kann er beängstigende Kenntnisse gewinnen, die bei weitem nicht im Verhältnis zu seinen sonstigen geistigen Fähigkeiten stehen.

Auf den mittelalterlichen Flügelaltären und Bildtafeln ist der Habgierige unzweifelhaft zu erkennen. Meist geht er gebückt an einem Stock, während sich die andere Hand mit knorrigen Fingern um einen Sack klammert, in dem sich der Gegenstand seiner Habgier befindet. Dieser muss keineswegs nur Gold oder Geld sein. Die Habgier kann sich auf alles Mögliche erstrecken. Selbst andere Menschen können in perverser Weise Gegenstand krankhaft habgieriger Besitzansprüche sein und so zum Objekt werden.

Sogar so diffuse Güter wie die Sicherheit können zur reinen Ware werden. Her mit der Sicherheit – aber sofort! Man braucht nur ein paar statistisch erhobene Daten darüber, dass die Bürger sich zunehmend vor Kriminalität und Terrorismus fürchten und sich von den staatlichen Institutionen nicht mehr hinreichend geschützt fühlen. Schon wird die Sicherheit zum Geschäft gemacht: private Wachdienste schießen wie Pilze aus dem Boden, hochsensible Überwachungskameras werden zu Hause im Vorgarten ebenso wie auf öffentlichen Plätzen installiert. Eine ganze Branche lebt von dem Gefühl der Angst und Unsicherheit. Sie bietet konkrete Produkte sowie unzählige Dienstleistungen an. Und die knorrigen Finger der nach Sicherheit gierenden Menschen ergreifen unkritisch die feilgebotenen Produkte, wie die Habgier auf mittelalterlichen Bildern den Beutel umkrampft.

Wird ein menschliches Bedürfnis erst einmal zum Objekt oder Produkt gemacht, lässt es sich hervorragend produzieren und verkaufen, man kann es in den Kreislauf der Wirtschaft geben, verändern, veräußern, entsorgen. Sogar die Zeit lässt sich in ein Produkt oder einen Geldwert transferieren. Zeit ist Geld, heißt die Gleichung unserer Ära. Ich besuchte einmal einen Freund in Düsseldorf, und wir fuhren mit dem Taxi zu einem am Rande der Stadt gelegenen Restaurant. Da wir uns auf der Fahrt unterhielten, hatte ich kein Gefühl dafür, wie lange und wie weit wir gefahren waren. Nach unserer Ankunft fragte ich meinen Freund, wie weit wir eigentlich vom Stadtzentrum entfernt seien, und er antwortete: »27 Euro« – so hoch war der Betrag, den er für die Taxifahrt bezahlt hatte.

Wie absurd es sein kann, Zeit in Geld umzurechnen, ist folgender Nachricht zu entnehmen: »Eine Sekunde kostet in der

Formel Eins 150 Millionen Dollar. So berechnen die Ingenieure die Beschleunigungskosten in der Branche.«[23] Es geht auch im Rennsport letztlich nicht mehr um Newton pro Meter, sondern um Geld. Diese Ansicht ist symptomatisch für unsere Zeit.

Schon Kindern bringt man bei, dass eine Hose »teuer« war, und hofft, dass das Kind entsprechend pfleglich damit umgeht. Pädagogisch gesehen ist das unsinnig, denn Kinder brauchen erfahrungsgemäß sehr lange, um sich in Zahlenräumen zurechtzufinden und ein Gefühl dafür zu bekommen, was denn »teuer« bedeutet. Es ist ein Segen, dass Geld den Kindern nichts sagt, das kommt noch früh genug.

Es ist eine der zerstörerischsten Unarten unserer Gesellschaft, von allem den finanziellen Warenwert zu errechnen. Wenn ein kleiner Junge eine von der Großmuter gestrickte Jacke wertschätzen soll, muss man nicht sagen, was die Wolle gekostet hat – ganz zu schweigen von einem theoretischen Stundenlohn der Großmutter. Wichtig ist, dass er den ideellen Wert begreift, wenn er hört: »Diese Jacke hat Oma in vielen Stunden mühevoller Arbeit für dich gestrickt.« Wenn der kleine Junge die Jacke mag, weil er die Arbeit der Großmutter zu schätzen vermag und die Oma lieb hat, ist das pädagogisch auf jeden Fall sinnvoller – es verbindet sich eine Wertschätzung der Großmutter und deren Arbeit. Der rein monetäre Wert der Jacke ist dagegen für ein Kind sehr abstrakt.

Diese Art der Berechnung bestimmt eben nicht nur unser Denken, sondern auch unser Handeln: Wenn ein Pullover zehn Euro kostet, dann wirft man ihn weg, sobald er ein Loch hat. Kostet er aber 100 Euro, dann behandelt man ihn so, dass er erst gar kein Loch bekommt. Und sicherlich kennt jeder den inneren Kampf, ob man einen alten Gegenstand reparieren lässt oder für das gleiche Geld einen neuen kauft. Manchmal überwiegt das Gefühl, und man lässt ein paar alte Schuhe noch einmal besohlen, weil man an ihnen hängt – oft aber siegt auch die Mathematik.

Die Geldwirtschaft hat uns auch den Blick auf die inneren Werte verstellt; »was nichts kostet, ist nichts wert«. Wenn der Preis eines Produkts sich von unseren Erwartungen unterscheidet, erscheint uns das Produkt ohne weitere Prüfung gefälscht oder fehlerhaft zu sein. Wer wäre nicht skeptisch angesichts eines Markenchampagners für sechs Euro?

Eine Erfahrung, die ich vor dreißig Jahre machte, wurde für mich zu einem Schlüsselerlebnis, was den Umgang mit Geldwerten betrifft. Ich hatte für ein paar Tage bei einer Familie in Budapest ein Zimmer gemietet, und da die Menschen sehr nett zu mir waren, wollte ich ihnen am Ende meines Aufenthaltes zusätzlich zur vereinbarten Miete als Dankeschön eine Flasche Wein überreichen. Im Geschäft musste ich allerdings feststellen, dass ich aufgrund mangelnder Sprachkenntnisse die Etiketten nicht lesen und deshalb die Qualität des Weines nicht beurteilen konnte. Da seinerzeit in Budapest für westliche Verhältnisse alles sehr preiswert war, nahm ich sicherheitshalber den teuersten Wein, um eine mögliche Blamage auszuschließen – und ging damit dem System in die Falle.

Die Unart, alles in Geldwert zu berechnen, führt noch zu einem weiteren Missverständnis, das besonders deutlich in der am Kapital ausgerichteten Wirtschaft zu spüren ist – allzu schnell wird der Wert eines Menschen nach seinem Einkommen bemessen. Doch leistet jemand mit einem Jahresgehalt von 500 000 Euro eine »wertvollere« Arbeit als eine Krankenschwester, die auf magere 25 000 kommt?

Der Mensch wird in diesem Kontext zum reinen *Kostenfaktor*, die in einem Betrieb arbeitenden Menschen gehören zum *Humankapital*, und ein Unternehmer muss die *human resources* möglichst nachhaltig und effektiv nutzen. Dabei hat jeder Arbeitsplatz einen »Mehr-Wert«, der sich nicht im Geldwert erfassen lässt: Man wird gebraucht, man hat eine sinnvolle Beschäftigung, man ist am wirtschaftlichen oder geistigen Leben beteiligt, man kann Sinnerfahrungen machen und so fort. Wie will man das alles in Geldwert ermessen? Wenn die Wirtschaft diesen Mehrwert nicht berücksichtigt, degradiert sie sich zu einem modernen Sklavenhalter, der die für ihn arbeitenden Menschen genauso ausbeutet, wie es auf den Zuckerrohrplantagen üblich war.

Der Mehrwert eines Arbeitsplatzes ist von Faktoren bestimmt, die sich nicht alle errechnen oder in Geldwerten bemessen lassen. Die innere Harmonie, Fröhlichkeit und Gelassenheit, die Vermeidung von Stress, Streit, Hektik und Misstrauen sind genauso wichtige Faktoren für den Mehrwert eines Arbeitsplatzes wie ein ausgewogenes Verhältnis von Arbeitszeit und Freizeit. Das alles lässt sich nicht in Geld ausdrücken.

Geld erzeugt abstrakte Dimensionen, die eigentlich vom Menschlichen wegführen. Das habe ich einmal an folgender Begebenheit wahrnehmen müssen: Ein Unternehmer, der sich in sein geräumiges Privathaus einen Swimmingpool hatte einbauen lassen, sagte mir einmal, dass er bisher für jede Benutzung des Pools etwa umgerechnet 1000 Euro bezahlt habe; so gesehen ein teures Vergnügen. Aber das Vergnügen, im eigenen Haus seine Bahnen ziehen zu können und dafür nicht ins Schwimmbad gehen zu müssen, lässt sich eben in dieser Summe nicht beziffern. Es sei denn, sie erschiene unserem Swimmingpool-Besitzer so hoch, dass selbst ihm der Spaß vergeht.

Natürlich kann ein Veranstalter, der sich einen Sänger »mietet« oder eine Band anheuert, errechnen, was jedes Lied gekostet hat, doch das sagt wenig über die Qualität der Musik aus. Ein Brautpaar kann kalkulieren, was sie der vom Organisten hingebungsvoll gespielte Hochzeitsmarsch von Mendelssohn-Bartholdy kostet, aber über die Gefühle des Paares beim Einzug in die Kirche erfährt man dadurch nichts – und über Mendelssohn auch nicht.

Es lässt sich ermitteln, wie viel der Dom von Mailand wiegt und was die Kuppel der florentinischen Kathedrale die städtischen Bauherren gekostet hat. Über den sagenhaften Mut des Architekten Filippo Brunelleschi und über die kulturgeschichtliche Leistung des ersten Kuppelbaus seit der Antike sagt es nichts.

Die Errechen- und Bemessbarkeit aller denkbaren Dinge und Zusammenhänge ist eine unglaubliche Verengung der Wahrnehmung und des Geistes. Sobald das Geld der gemeinsame Nenner und die Messgröße schlechthin ist, besteht die Gefahr, dass alles an ihm ausgerichtet wird.

Wenn ein Flug nach Prag billiger ist als ein Flug nach Paris, dann entscheiden sich vielleicht viele für ein Wochenende in Prag. Unter finanziellen Gesichtspunkten mag das folgerichtig sein, aber es ist doch ein Unterschied, ob man in die lebensfrohe Stadt an der Seine fliegt oder ein Wochenende in der schwermütigen Metropole an der Moldau verbringt. Oder nicht?

Entscheiden sich Reisende nur aufgrund des Preises für ein Ziel, vertreten sie dieselbe Haltung, die sie bei ihren Arbeitgebern entsetzt und lautstark kritisieren, wenn diese aus Kostengründen Arbeitsplätze ins Ausland verlagern. Die Mentalität ist die gleiche – allein der Geldwert zählt. Wen wundert es da noch, dass scheinbar die ganze Gesellschaft der Habgier verfallen ist.

Schon sprachlich hängen Habgier, Gier und Geiz eng miteinander zusammen. Alle drei Begriffe gehen auf das spätmittelhochdeutsche Wort *gîz* zurück, und auch das Wort *geil* ist eine Ableitung aus derselben sprachlichen Wurzel. Diese etymologischen Zusammenhänge finden wir auch in den Wortbedeutungen dieser Begriffe wieder. Der Geiz ist nur eine andere Erscheinungsweise der Habgier, aber dieselbe charakterliche Fehlhaltung. Geiz ist ein beklagenswertes Phänomen, das durch die Anzeigenkampagne einer großen Elektronikmarkt-Kette jedoch zur Tugend erhoben wurde. Und eben dieses »Geiz ist geil«-Beispiel zeigt die Verwandtschaft von Gier und Geiz: Wenn die Gier des Habenwollens dadurch ausgelöst oder befeuert wird, wie billig all die beworbenen Produkte zu haben sind, wäre man ja schön blöd, nicht zuzuschlagen, wird hier suggeriert. Auch wenn's der alte Fernseher noch locker ein paar Jährchen machen würde.

Ich selbst möchte jedenfalls nicht in einem Laden einkaufen, in dem mir Menschen begegnen, die Geiz geil finden. Natürlich gibt es nichts, was es nicht irgendwo billiger gäbe – aber das kann doch nicht der einzige Grund sein, ein Produkt zu kaufen, eine Reise zu machen oder Arbeitsplätze zu verlagern! Wenn nur noch das Geld zählt und alles, wirklich alles andere keine Rolle mehr spielt, dann wird jede Menschlichkeit und Zwischenmenschlichkeit auf dem Altar der Habgier geopfert.

Das Perverse an der Habgier offenbart sich in besonderer Weise, wenn sich der Zwang zur Quantifizierbarkeit auch auf Gebiete erstreckt, für die es keine normierten Maßeinheiten gibt. Schauen wir uns das nun noch genauer an. Wenn ein Kind sagt, die Hausaufgaben seien so schwer gewesen, dass es dafür zwei Stunden gebraucht habe, nimmt es die Zeit zu Hilfe, um eine intellektuelle Mühe auszudrücken, die sich eben nicht in Kilogramm, Zentimetern oder verbrauchten Kalorien messen lässt. Streng philosophisch betrachtet ist die Aussage des Kindes Nonsens, denn tatsächlich sagt der zeitliche Aufwand zur Bewältigung der Hausaufgaben nichts über die Größe der geistigen Herausforderungen aus, denen sich das Kind in der Zeit gestellt hat.

Wenn man weiß, wie lange ein Fußgänger braucht, um die Strecke von A nach B zu laufen, kann man ausrechnen, wie schnell er läuft. Wenn man aber erfährt, wie lange ein Kind für seine Hausaufgaben gebraucht hat, sagt das nichts darüber aus, ob es intelligent oder dumm ist. Denn auch andere Kriterien spielen hinein. Zum Beispiel, ob es fleißig oder faul ist, müde oder konzentriert bei der Sache war oder ob es vielleicht einfach nur bemitleidet oder getröstet werden will.

Es gibt noch andere Zusammenhänge, bei denen man behelfsmäßig auf die Dauer verweist, um eine Aussage über die Intensität zu machen. So hat mir etwa ein Migränekranker gesagt, sein letzter Anfall habe zwei Tage gedauert, und mir damit eine Vorstellung davon vermittelt, wie heftig der empfundene Schmerz gewesen sein muss. Für den Schmerz gibt es keine Maßeinheit; er lässt sich nicht objektivieren. Vielleicht ist das der Grund, weshalb das Thema »Schmerz« innerhalb der Medizin sehr stiefmütterlich behandelt wird. Etwas so Subjektives und nicht Messbares kann mit den naturwissenschaftlichen Methoden der Medizin nicht erfasst werden.

Analog gilt diese Erkenntnis auch für andere Empfindungen. Liebende sagen einander, dass sie immer zusammenbleiben wollen – und auch dieses *immer* mag subjektiv ein Gradmesser für die Tiefe der Gefühle sein, ist aber objektiv nichts anderes als eine Zeitangabe (obwohl es die Zeit selbst an ihre Grenzen führt, weil der Begriff *immer* einen Zustand von Zeit postuliert, den es nicht gibt – aber das kann man getrost den Philosophen überlassen). Schon diese Beispiele zeigen, dass der Wille zur Messbarkeit sich auch auf Qualitäten erstreckt, für die es keine Maßeinheiten gibt. Das Bedürfnis nach Messbarkeit ist für uns heute vollkommen selbstverständlich, und genau daran wird deutlich, wie stark das naturwissenschaftliche Denken unsere gesamte Wahrnehmung geformt hat.

In der Physik beziehen sich Messungen nur auf Objekte;

überträgt man diesen Vorgang auf alle möglichen nicht-naturwissenschaftlichen Bereiche, so »erzeugt« man dort erst die Objekte – mit der Angabe einer Messgröße wird etwas zum Objekt gemacht. Und wenn etwas, das nicht gemessen werden kann (beispielsweise Schmerz, geistige Mühe, ästhetisches Empfinden oder Liebe) dennoch in eine quantifizierbare Größe gepresst wird, wird Immaterielles materialisiert und in einen Zahlenwert gebunden. Unter dem Deckmantel der harmlosen Messung wird die Sichtweise der Welt so vollkommen verändert. Wir haben es also schon längst nicht mehr mit analog angewandten Methoden der Naturwissenschaften zu tun – tatsächlich ist die totale Messbarkeit eine Ideologie, in deren Umfeld alles scheinbar zum Objekt, zum »Produkt« wird.

Am folgenden Beispiel ist sehr schnell zu erkennen, welche Grenze hier überschritten wird. Basierend auf dem bisherigen Gedankengang könnte man nämlich fragen: »Welches Produkt verkauft ein Pfarrer?« oder »Welches Produkt bietet die Kirche an?« Natürlich könnte man sagen, dass die Kirche das Produkt »Erlösung« anbietet, oder die »Sündenvergebung«, aber das geht eben nur analog oder mit einem Augenzwinkern. Denn jahrhundertelang wurde es der Kirche zur Recht nachgetragen, dass sie zur Auffüllung ihrer leeren Kassen die Erlösung und das Heil wie ein Produkt verkaufte. Der entsprechende »Slogan« dazu hieß: »Wenn das Geld im Kasten klingt, die Seele aus dem Fegfeuer springt.«

Die katholische Kirche mag damit ihren Schnitt gemacht haben, doch unter Marketing-Aspekten war diese Kampagne schlecht fürs Image: War nicht der ganze Ablasshandel das abschreckendste Beispiel dafür, wohin es führt, wenn man etwas, das grundsätzlich nicht quantifizierbar ist, plötzlich verkauft? Aber schon die Päpste der Renaissance wussten, dass das die Kassen füllt.

Die katholische Kirche musste für diesen (Ablass-)Schwindel allerdings teuer bezahlen, denn so begünstigte sie ja nur die reformatorischen Wettbewerber, die ihr mit einer eigenen Erlösungslehre die betrogenen Kunden abjagte. Zur Verteidigung meiner Ahnen sei allerdings ein Hinweis gestattet: Immerhin haben die Päpste mit den vollen Kassen prachtvolle Kunstwerke erschaffen lassen, die zum Größten gehören, was Menschen je hervorgebracht haben.

Zu dem Irrsinn der Vorstellung, die ganze Welt sei quantifizierbar, hat Häuptling Seattle, der Herr über zwei Indianerstämme im Nordwesten der USA, etwas Entscheidendes gesagt. Seine legendäre Rede hat er im Jahr 1854 vor dem Gouverneur der Washington Territories gehalten. Und selbst wenn die Rede später noch bearbeitet wurde, so stellt das die Richtigkeit ihrer Thesen nicht infrage. Es ging darum, dass das Land der Duwamish an weiße Siedler verkauft werden sollte. Der Häuptling fragt:

»Wie kann man den Himmel kaufen oder die Wärme der Erde, die Vorstellung ist uns fremd. Wenn wir die Frische der Luft und das Glitzern des Wassers nicht besitzen, wie könnt ihr sie von uns kaufen?« Und: »Der weiße Mann, vorübergehend im Besitz der Macht, glaubt, er sei schon Gott – dem die Erde gehört. Wie kann ein Mensch seine Mutter besitzen? Wenn die Büffel alle geschlachtet sind, die wilden Pferde gezähmt, die heimlichen Winkel des Waldes schwer vom Geruch vieler Menschen und der Anblick reifer Hügel geschändet von redenden Drähten, wenn das Dickicht fort ist und der Adler, dann werdet ihr merken, dass man Geld nicht essen kann.«[24]

Innerhalb dieser Ideologie wird natürlich auch der Mensch als Produkt gesehen, und selbst wenn nur aus Unachtsamkeit gesagt wird, jemand »verkaufe» sich schlecht, so spiegelt gerade das wider, wie stark unser Denken und unsere Sprache von der Messbarkeit geprägt sind. Ist es nicht zynisch, wenn wir Menschen, metaphorisch gesehen, zum Ladenhüter oder aber zum Bestseller, zum cleveren Verkäufer ihrer selbst machen? Nur weil wir damit sagen wollen, dass jemand ein überzeugendes Auftreten hat und es versteht, sich als Problemlösung darzustellen – oder eben nicht? So, wie alle käuflichen Produkte mit Ideen, Wünschen, Vorstellungen, Hoffnungen, kurz: Verheißungen verknüpft sind, so muss es auch der Mensch verstehen, sich selbst als Verheißung zu vermarkten, um im sozialen Wettbewerb zu bestehen.

Gottlob sind und bleiben Gefühle wie Neid oder Scham, aber auch Liebe oder Schmerz und vielleicht sogar Erfolg nicht mess- oder quantifizierbar. Erstaunlicherweise sind es gerade die nicht quantifizierbaren Qualitäten, die das Leben reizvoll, spannend und schön machen. Wäre alles messbar, gäbe es nur Fakten. Dort aber, wo Freiheit und Liebe Raum haben, dort findet sich die ganze Unwägbarkeit jener geheimnisvollen und unauslotbaren Tiefen des Seins.

Man mag rein mathematisch feststellen können, was geschieht, wenn ein Punkt im Raum sich auf einen anderen Punkt zubewegt. Aber diese Messungen sind vollkommen ungeeignet, um zu beschreiben, was geschieht, wenn zwei Liebende auf dem Bahnsteig aufeinander zulaufen und sich in die Arme fallen.

Von allen Emotionen scheint die Liebe immer schon die Faszinierendste gewesen zu sein; sie lässt sich am wenigsten beschreiben und ist quasi unermesslich. Messbarkeit und Liebe – das ist *der* große Widerspruch der Menschheitsgeschichte. Schon im Alten Testament steht jener wunderbare Satz, der diesen Widerspruch ausdrückt: »Böte einer für die Liebe den ganzen Reichtum seines Hauses, nur verachten würde man ihn.«[25]

Es geht mir nicht darum, das Schwungrad der Zeit zurückzudrehen in eine vornaturwissenschaftliche Zeit. Aber kann nicht den modernen Zeiten zum Trotz dem Unwägbaren und Nichtmessbaren, dem Mystischen und Göttlichen mehr Raum und Beachtung gegeben werden? Auch das, was nicht quantifizierbar ist, muss Teil eines modernen Seinsbegriffes sein, denn es gehört jener Wirklichkeit an, die wir erfahren und erleben – auch wenn wir sie nicht messen können. Wenn nur das zum Sein zählen würde, was sich mit naturwissenschaftlicher Präzision messen und bestimmen ließe, dann würde die Materie jenes Verweischarakters beraubt, der ihr seit frühesten Tagen der Philosophie zugeschrieben wird.

Das materielle Sein ist nämlich bereits in der aristotelischen Philosophie von einer gewissen Durchlässigkeit auf das immaterielle Sein hin und umgekehrt: die immaterielle göttlich-himmlische Welt wird im materiellen Sein sichtbar und erfahrbar, aber nicht messbar. Seit Aristoteles wird in diesem Zusammenhang von den Seinstranszendentalien gesprochen, weil sie das im buchstäblichen Sinne begreifbare Sein übersteigen (der lateinische Begriff »transcendere« heißt so viel wie »übersteigen«).

Diese Seinstranszendentalien sind das *Eine,* das *Wahre,* das *Gute* und das *Schöne.* Wo immer der Mensch diesen im Sein begegnet, verweisen sie ihn auf Gott. Ein perfekter Abend mit Sonnenuntergang am Meer, an dem alles *gut* ist, ist deshalb nicht nur ein rein subjektives, inneres Erlebnis, sondern zugleich auch die Erfahrung von etwas *Einmaligem* und *Schönem,* das außerhalb dessen liegt, der diese Erfahrung macht. Anders gesagt: Das Erlebnis des Sonnenuntergangs kann das erlebende Subjekt transzendieren hin zu einem Gott, der ihm in diesem wahren, guten, einmaligen und schönen Erleben aufleuchtet und deshalb selbst eins, gut wahr und schön ist.

Einheit, Wahrheit, Schönheit und Gutheit sind gewissermaßen Attribute Gottes, die im Sein erfahrbar sind. Augustinus sprach später in diesem Zusammenhang von den Spuren Gottes, die in der Schöpfung sichtbar sind, und griff damit jenen Satz des heiligen Paulus an die Gemeinde in Rom auf: »Seit der Schaffung der Welt wird seine (= Gottes) unsichtbare Wirklichkeit an den Werken der Schöpfung mit der Vernunft wahrgenommen.«[26]

In der Reduktion des Seins auf das Messbare und Quantifizierbare würde das Sein letztlich auch die Spuren Gottes verlieren – um hier nur einmal in aller Kürze die immensen Auswirkungen aufzuzeigen, die ein von der restlosen und totalen Messbarkeit geprägtes Weltbild haben kann.

Seit der Aufklärung hat sich eine Vorstellung von *Welt* und *Sein* gebildet, in der kaum noch Platz für das Geheimnis, das Mystische, das Göttliche ist. In den letzten Jahren allerdings scheint es, als entstünde eine neue Sehnsucht der Menschen nach jenen Dimensionen, deren sie infolge des mechanistischen Seinsbegriffs beraubt worden sind – nach Dingen und Erfahrungen, die jenseits des Messbaren, jenseits unserer Objektwelt liegen. Dafür, dass sich mehr und mehr Menschen auf das rückbesinnen, was sich jenseits des Messbaren findet, mag der derzeitige Esoterikboom ebenso ein Indiz sein wie die Popularität der Homöopathie oder die hohen Auflagen spiritueller Ratgeber in allen Lebenslagen.

Das Sein wird dem Menschen immer das offenbaren, was er für möglich hält und was er erwartet, und für den gläubigen Menschen ist das letzte Geheimnis der Materie und allen Seins Gott selbst. Wenn aber Phänomene jenseits des Messbaren außer Acht gelassen werden und stattdessen habgierig die gesamte Dingwelt studiert, vermessen, kartographiert wird, beraubt diese alte Todsünde das Sein um dessen eigentliche Größe. Solange der Mensch meint, er habe die letzte Kontrolle über das Sein, wird er in seiner Habgier gefangen bleiben. Sie wird ihm den Blick auf das Wunderbare des Lebens und auf seine unermesslichen Tiefen verstellen.

Die wissenschaftliche Welt braucht Physiker, Mathematiker, Biologen und Mediziner, die sich nicht ausschließlich auf Messdaten und Zahlenkolonnen konzentrieren, sondern mutig über ihren Tellerrand hinausblicken und nicht vergessen, über das Leben zu staunen.

Ich bekam einmal von einem Freund eine Karte geschenkt, auf der Ernest Rutherford, der Atomphysiker und Nobelpreisträger für Chemie, zitiert war. Rutherford weist hier darauf hin, dass seine Forschungen Gott nicht überflüssig machen: »Ganz im Gegenteil: Unsere Arbeit bringt uns Gott näher. Sie erhöht unsere Ehrfurcht vor seiner gigantischen Macht, vor der unsere armseligen Werkzeuge – so titanisch sie uns auf Erden erscheinen mögen – jämmerlich versagen. Auch der sachliche Wissenschaftler, der das Geheimnis des Seins in etwa ›entzaubert‹, muss kein Zweifler an Gott sein.«

Deshalb hat das letzte Wort dieses Kapitels der Physiker Max Planck, der einmal gesagt haben soll: »Gott steht für den Gläubigen am Anfang, für den Physiker am Ende allen Denkens.«

Eine neue Tugendlehre

Warum es anstrengend ist,
das Gute zu tun

Tugend will ermuntert sein,
Bosheit kann man schon allein!

Wilhelm Busch

Hieronymus Bosch hat auf seinem Werk »Die sieben Todsünden« die Abbildungen der einzelnen Sünden so gestaltet, dass es weder Anfang noch Ende gibt. Nur diese kreisförmige Anordnung garantiert eine Darstellung der Todsünden ohne Rangfolge. Natürlich gibt es Gemeinsamkeiten: So scheint bei allen sieben Sünden der Egoismus ein deutliches Charakteristikum zu sein, wie bei der Einzelbetrachtung der sieben Todsünden klar geworden sein dürfte. Immer wenn das gesunde Verhältnis zwischen Ich und Du, zwischen Ich und Welt aus den Fugen geraten ist, zeigt eine der Todsünden ihre grinsende Fratze. In völlig überzogener Egomanie zelebriert sich das Ich und gibt sich seinen lasterhaften Trieben hin. Wenn ein Mensch sich in eine oder mehrere Todsünden verstrickt hat, ist das ein sicheres Zeichen dafür, dass etwas in ihm aus dem Lot geraten ist, dass zu viel »ich« im Ich ist.

Und dennoch liegt ein gewisser Reiz darin, sich in moralischen Fragen nicht allein auf sich selbst zu beziehen, sondern sich im Gegenteil an anderen zu messen. Man selbst ist zwar nicht ganz gut, kennt aber immer jemanden, der noch viel schlimmer ist. So relativiert jeder seine eigenen Taten. Problematisch darin ist die Orientierung nach unten, dass man sich mit dem Nächstschlechteren oder sogar Schlechtesten vergleicht. Und das ist weder für einen vernünftigen Maßstab noch für die eigene Weiterentwicklung die richtige Richtung.

Letztlich wird das eigene Fehlverhalten dadurch bagatellisiert, dass sich andere noch fehlerhafter verhalten. Diese Art von falscher Selbstjustiz führt eigentlich immer zum erhofften Ziel: dem eigenen moralischen Freispruch. Schon bald ersehnt man fremde Schuld, die für die eigene als Ausrede herzuhalten hat.

Und da es immer irgendwo irgendjemanden gibt, der noch viel schlimmer ist, steht man auf jeder moralischen Stufe relativ gut da. Aber eben auch nur relativ. Denn auf diese Weise kann man sehr schnell Stufe für Stufe nach unten gelangen und sich doch jedes Mal damit beruhigen, dass es noch Menschen gibt, die moralisch viel weiter unten stehen.

Mit der umgekehrten Blickrichtung, nach oben, sieht es schon anders aus. Denn natürlich lässt sich – ganz gleich, von welcher moralischen Stufe aus betrachtet – auch immer jemand finden, den man höher einstufen kann. Es gibt immer auch tugendhaftere Menschen als man selbst. Menschen, die selbstloser sind, sozialer, uneigennütziger, mildtätiger, barmherziger und edelmütiger. In diese Richtung schauen wir allerdings nicht so gerne.

Mit der Unsinnigkeit, ein viel zu großes, viel zu umweltschädliches und viel zu teures Auto zu fahren, lässt es sich ja leichter leben, wenn man jemanden kennt, der ein noch größeres, noch umweltschädlicheres und noch teureres Auto fährt. Würde man sich hingegen mit seinem unvernünftig großen, umweltschädlichen und teuren Auto in Kontrast zu jemandem betrachten, der ein kleines, umweltfreundliches und preiswertes Auto fährt oder womöglich kein Auto besitzt, sondern ganz bewusst nur Fahrrad und Bahn fährt, so fiele die Bilanz für einen selbst ganz anders aus. Und was bei diesem zunächst banalen Beispiel offensichtlich ist, findet sich in moralischen Fragen ebenso wieder. Ein Mensch, der die eheliche Treue nicht ernst nimmt, wird nicht lange suchen müssen, um jemanden zu finden, der es noch viel doller treibt als er selbst.

In diese Blickrichtung mag das beruhigen. Ungemütlich würde es ihm erst werden, wenn er auf jemanden schaute, der viel auf die partnerschaftliche Treue hält, der nicht fremdgeht und guten Gewissens ein ehrliches Eheleben führt.

Eigentümlicherweise berührt uns die Tugendhaftigkeit anderer Menschen immer an einem wunden Punkt. Hingegen wird es von vielen Menschen als ganz beruhigend empfunden, wenn andere keine Tugenden haben, wenn sie ihre schlechten Eigenschaften durchschauen.

Das Negative fasziniert viele Menschen mehr als das Positive, was sich schon beim Blick in die vor Krisen und Enthüllungen strotzenden Zeitungen zeigt. Es ist schwer, den Menschen zum Positiven zu führen. Davon kann jeder, der mit der Erziehung von Kindern und Jugendlichen zu tun hat, ein Lied singen. Das Negative scheint immer ohne Überwindung, Kraft oder Beherrschung, ja beinahe von selbst zu gehen, wie auch Wilhelm Busch richtig erkannt hat.

Viele Menschen scheinen im Umgang mit dem Schlechten geübter als mit dem Guten. So findet wohl kaum jemand etwas an der Maßregelung des Kindes, es solle die Tür gefälligst nicht zuschlagen. Dabei könnte man es genauso positiv ausdrücken – nämlich es bitten, die Tür künftig leise zu schließen.

Offenbar haben wir einen Hang zum Negativen, auch wenn man mit manchen Negationen das Gegenteil erreicht. Kein normaler Mensch würde ein Kind bitten, ein Bild zu malen, auf dem eine Frau *keine* Tasche trägt. Oder versuchen Sie mal, beim Lesen des nächsten Satzes *nicht* an ihren Vater zu denken. Das geht nicht. Umso erstaunlicher ist es, dass man beispielsweise bei der Agentur für Arbeit unter Umständen nachweisen muss, dass man *kein* Auto fährt. Wie bitte? Da stehen jedem Philosophen die Haare zu Berge. Können Sie nachweisen, dass Sie kein aufblasbares Gummiboot besitzen?

Negationen lenken den Blick gerade dahin, wo er nicht hin

soll. Jeder Mensch, der mit dem Rauchen aufhören möchte, lernt als Erstes, dass er diesen Umstand positiv beschreiben muss: Ich bin ganz frei, ich atme tief ein. Auf keinen Fall soll er denken: Ich darf nicht rauchen. Nicht anders verhält es sich mit den Todsünden und den Tugenden. Jemand, der seinen Hang zur Völlerei überwinden möchte, darf eben nicht daran denken, dass er nichts essen darf. Vielmehr müsste sich der Vielfraß die Tugend der Bescheidenheit vergegenwärtigen und sich sagen, dass er seinen Körper nicht belasten und etwas für seine Gesundheit tun möchte.

Zur Überwindung jener Charakterschwächen, die durch die sogenannten sieben Todsünden beschrieben werden, bedarf es positiver Haltungen, die zur Schwächung der Schwächen führen. Deshalb will ich Ihnen im Folgenden eine Tugendlehre mit auf den Weg geben. Es geht um eine Tugendlehre, die positiv vermittelt, mit welchen positiven Werten die Fehlhaltungen der Todsünden in den Griff zu bekommen sind.

Tugenden sind positive Charaktereigenschaften, die die Moralität eines Menschen ausmachen – aber Tugenden sind keine gottgegebenen Talente, sondern vielmehr die Früchte eigener Anstrengung. Darin unterscheiden sie sich von den Gaben eines Menschen, die ihm – wie das Wort schon sagt – gegeben wurden.

Die Gaben sind gewissermaßen ein Startkapital, das der Mensch im Laufe seines Lebens hegen und pflegen, am besten gar vermehren soll. Ein Mensch ist vielleicht musikalisch, ein anderer sportlich, ein Dritter ist im logischen Denken begabt – doch kein Mensch ist von Natur aus tugendhaft. Tugenden muss man sich aneignen. Sie sind das Ergebnis von Arbeit an sich selbst, denn es wird wohl niemandem gelingen, seine charakterlichen Fehlhaltungen mit einem einzigen Willensakt und purer Vernunft zu korrigieren. Tugendhaft zu werden bedeutet, immer wieder jene falschen Gesinnungen, wie sie in den sieben Todsünden plakativ dargestellt sind, durch positive Haltungen zu ersetzen. Ein Mensch, der ab und zu Gutes tut, ist deshalb noch lange nicht tugendhaft. Erfahrungsgemäß ist es bis zur Tugendhaftigkeit ein steiniger und langer Weg. Wenn man dieses Ziel nicht ernst nimmt und die Dinge zu sehr schleifen lässt, gewinnen die negativen Charaktermerkmale schnell wieder die Oberhand.

Tugendhaft ist ein Mensch dann, wenn er im Guten gefestigt ist und darin eine gewisse Handlungssicherheit hat. Aber jede noch so tugendhafte Haltung bleibt anfechtbar. Denn die Überwindung einer Charakterschwäche ist selten endgültig; es besteht immer die Gefahr eines Rückfalls. Und dennoch macht jeder tugendhafte Akt stärker und bringt den Menschen voran. Wahre Tugendhaftigkeit entsteht dadurch, dass man sich in den immer wieder vorkommenden Anfechtungen der positiven Haltungen bewähren muss.

Tugenden kann man nicht von außen vorgeben, denn sie basieren auf einer inneren Haltung. Allenfalls kann man jemandem den Zustand der Tugendhaftigkeit als ein erstrebenswertes Ziel vor Augen stellen. Deshalb bedarf es für den eigenen Weg zur Tugendhaftigkeit auch immer des nachahmenswerten Beispiels anderer. Durch Vorbilder wächst in einem Menschen eine bestimmte positive Haltung heran, die man Tugend nennt. Tugend ist eine Art Geisteshaltung, der eine Lebensanschauung und Betrachtungsweise von Ich und Du und Welt zugrunde liegt.

Obwohl es nicht diese eine Tugend gibt, in der sich ethisches Verhalten in seiner Gesamtheit zusammenfassen ließe, ist doch eine tugendhafte Geisteshaltung die Voraussetzung für alle Moral. Das führt uns zu jenem Zauberwort, das seit einigen Jahren durch die Wirtschaft und die Unternehmen geistert: zur Ethik.

Ohne Ethik scheint in den Firmen heutzutage gar nichts

mehr zu gehen, mit der Betonung auf »scheint«. Denn ein Blick auf den Abhörskandal bei der Telekom, die Bespitzelung bei Lidl und das System der Korruption bei Siemens zeigt, dass es damit oft nicht allzu weit her ist. Es gibt zu viele Unternehmer, die ihr Engagement für ethisches Wirtschaften in erster Linie rhetorisch verstehen: Ethik gehört schließlich zum guten Ton, und inzwischen gönnt sich beinahe jedes 5-Mann-Unternehmen eine ausformulierte Firmenethik. Seitdem Forscher herausgefunden haben, dass Ethik in der Wirtschaft ein Erfolgsfaktor ist (was stimmt), boomt die Ethik.

Wo soll man aber die Werte, nach denen plötzlich jeder schreit, so schnell hernehmen? Instant-Wertorientierung gibt es nirgends zu kaufen. Auspacken – aufbauen – fertig! Das geht eben nur dann, wenn die Firmenethik nichts anderes als ein Dekorationsobjekt ist.

In vielen Firmen scheint eine aufgeregte Suche nach Wertorientierung ausgebrochen zu sein. Nun ist diese Art operativer Hektik meist ein Zeichen für geistige Windstille, denn es bleibt zu bezweifeln, ob Wertorientierung so gefunden werden kann wie ein Hut oder Schal, den man in der Kneipe vergessen hat.

Die angestrengte Suche nach neuen Werten und menschlicheren Strukturen in den Unternehmen kann dazu führen, dass letztlich nur betriebliche Abläufe modifiziert werden, ohne die Geschäftstätigkeit auf ein neues geistiges Fundament zu stellen. Es besteht die große Gefahr, dass sich Firmen mit der Ethik wie mit einem Feigenblatt schmücken, hinter dem doch nur der nackte Wille nach mehr Marktanteil, höheren Gewinnen und mehr Leistung steht.

Getreu der Vorstellung, jeder sei seines Glückes Schmied, wird rasch eine neue Unternehmensphilosophie mit integrierter Firmenethik zusammengebastelt. Phantasielose können sich dafür Anregungen in einem ironischen Buch mit entsprechenden Textbausteinen holen.[27] Am Ende steht er dann da, der schönste und bedeutendste aller nichtssagenden Sätze jeder Firmenethik, die Komprimierung allen geistigen Blendwerkes: »Im Mittelpunkt steht bei uns der Mensch.« Aber was heißt das denn? Solche Sätze scheinen direkt aus der Phrasendreschmaschine zu stammen, siehe das erwähnte Buch.

Es ist zweifelsohne schwierig, eine individuelle, tragfähige und ehrliche Firmenethik zu entwickeln, und sicher noch schwieriger, sie allen Angestellten nahezubringen. Die Anforderungen des Wettbewerbs setzen Unternehmer oft so unter Druck, dass sie sich keine Zeit nehmen, sich wirklich mit der Ethik ihres Handels zu befassen. Ständig gibt es Innovationen, Veränderungen und Anpassungen an neue Bedingungen, die an den Menschen in den Betrieben keinesfalls spurlos vorübergehen. Ruhiges, kontinuierliches Wirtschaften in sicherer Marktposition ist heute meist nur noch in Nischen möglich. Aufgrund der andauernden Produkt- und Prozessinnovationen kommen die Angestellten nicht zur Ruhe. Der bloße Satz, dass der Mensch im Mittelpunkt eines Unternehmens steht, ist in der Realität ein Lippenbekenntnis. Vor allem dann, wenn die Zwänge, die seitens des Marktes auf das Unternehmen einwirken, ständig zunehmen.

Die Frage ist: Wie wirkt es sich aus, dass der Mensch im Mittelpunkt steht? Sind die Angestellten mehr als nur beliebig austauschbare und durch Technik ersetzbare Elemente des betrieblichen Ablaufes und des Prozesses zur Gewinnoptimierung? Dass der Mensch tatsächlich Mittelpunkt ist, muss immer wieder unter Beweis gestellt werden. Das gilt für die Einstellungspolitik ebenso wie die Personalentwicklung, für die Führungsprinzipien genauso wie den Umgangston der Angestellten untereinander. Solange dieser Satz nur als inhaltsleere Phrase in irgendeiner auf Hochglanzpapier gedruckten, aber keinesfalls gelebten Firmenethik steht, ist er billigste

Fassadenschmiererei, durch die jener geflügelte Spruch aus der DDR eine neue und traurige Aktualität bekommt: »Der Mensch steht im Mittelpunkt, damit man ihn von allen Seiten ausbeuten kann.«

Eine Firmenethik setzt voraus, dass die Angestellten es für erstrebenswert halten, ein tugendhaftes Leben zu führen. Ohne diese innere Bereitschaft der Mitarbeiter wird die Firmenethik nie und nimmer zu einem Erfolgsfaktor, sondern allenfalls zu einer großen Blamage oder Enttäuschung.

Grundsätzlich wird jedes ethische Verhalten sich daran messen lassen müssen, wie sehr es auf einer tugendhaften Gesinnung beruht. Deshalb soll es abschließend ganz konkret um sieben Tugenden als Gegenpol zu den sieben Todsünden gehen.

Bescheidenheit

Wir hatten eingangs gesagt, dass der Erfolg den Menschen zu immer mehr anstachelt und dass damit die Erfolgslust vieler Menschen derselben Struktur unterliegt wie die Lüsternheit und die Wollust. Das tugendhafte Gegenstück zu dieser alten Todsünde der Wollust ist die Bescheidenheit.

Was die Bescheidenheit auszeichnet, kann man zunächst durch die Eingrenzung, was sie *nicht* ist, erkennen. Dazu gibt es einen netten jiddischen Witz über die Bescheidenheit:

Ein in Ehren ergrauter Gelehrter wird vom Rabbi vor dem versammelten Rat der Ältesten gelobt. Er sei ein Mann von derart großer Weisheit, dass selbst weiseste Gelehrte ihm zu Füßen säßen. Viele, die seine Güte schätzten, suchten Rat bei ihm. Er sei in allen Tugenden ein nachahmenswertes Vorbild. Für alle menschlichen Probleme habe er so viel Verständnis, dass selbst die bedeutendsten Männer ihm ihre innersten

Gedanken anvertrauen. An dieser Stelle zupft der alte Gelehrte den Rabbiner am Ärmel und flüstert: »Vergessen Sie meine Bescheidenheit nicht.«

Wahre Bescheidenheit hat mit der bewussten Zurücknahme der eigenen Person zu tun. Ein wirklich bescheidener Mensch würde nie sagen: »Mein ganzer Stolz ist meine Bescheidenheit«, denn ein solcher Satz würde das Gegenteil dessen offenbaren, was er ausdrückt. Die Bescheidenheit liegt nahe bei der Demut. Alles, was die Demut zerstört, zerstört auch die Bescheidenheit. Während die Demut aber unbestritten eine Tugend ist, die sich der Mensch erarbeiten muss, steht die Bescheidenheit immer im Verdacht, anerzogen worden zu sein. Dies umso mehr, als sich die Bescheidenheit nicht nur auf geistige Dinge, sondern auch auf materielle Dinge bezieht.

Es wird wahrscheinlich immer Menschen geben, die es nicht verstehen können, weshalb ein bescheidener Mensch freiwillig auf etwas verzichtet, das er haben könnte, und selbst von einer möglichen Vorteilnahme keinen Gebrauch macht. Aber dieses Unvermögen, den Bescheidenen zu verstehen, heißt noch lange nicht, dass diese Verhaltensweise in früher Kindheit anerzogen worden ist. Und selbst wenn es so wäre, dann zeigt sich hier, dass gute Erziehung ja genau zur Freiwilligkeit und zum Handeln aus Einsicht hinführen soll. Bescheidenheit hat sehr viel mit gutem Benehmen zu tun – zu gutem Benehmen muss man nun einmal auch hin erzogen werden.

Obwohl ich selber noch ein Kind war, kann ich mich bestens an einen Besuch von Verwandten aus dem Emsland erinnern. Meine Mutter hatte groß gekocht, und wir saßen mit elf Personen in unserer engen Stube am Tisch. Mein jüngster Cousin tat sich nur eine sehr kleine Portion auf den Teller. Als mein Vater ihm sagte, er solle doch richtig zugreifen, antwortete er: »Der Papa hat mir gesagt, ich soll mir den Teller nicht so vollknallen.«

Diese Antwort war bei uns über Jahrzehnte ein geflügeltes Wort, eine Art Chiffre für die vielen Benimmregeln, mit denen man als Kind und Jugendlicher von den Eltern versorgt wird, wenn es darum geht, einen guten Eindruck zu hinterlassen. Es sind diese ganz einfachen Verhaltensgrundsätze, wie beispielsweise die, sich nicht das letzte Stück Kuchen von der Platte zu nehmen, aus dem Gulasch nicht die dicksten Brocken zu fischen und sich aus der Soße nicht die Morcheln herauszusuchen. Bescheidenheit kann man über Benimmregeln gut lernen, und das ist wohl auch der Grund, weshalb es darüber einige Redensarten gibt, zum Beispiel dass man sich nicht nur die Rosinen aus dem Kuchen picken soll.

Die Bescheidenheit als Tugend und als innere Haltung bleibt allerdings eine Attitüde, wenn die anfängliche Erziehung nicht auch zur inneren Bejahung der vermittelten Werte führt. Aber ohne dieses erzieherische Eingreifen wird wohl kaum jemand zur Bescheidenheit als Tugend finden, weil der Mensch von Natur aus zum Egoismus neigt. Was für die Rosinen im Kuchen gilt, das gilt auch fürs Leben. Dieses wird nämlich nicht dadurch schön, dass man sich immer nur nimmt, was man kriegen kann, sondern dass man auch empfangen kann.

Schauen wir noch einmal auf das letzte Stück Kuchen, das der durch die richtige Erziehung bescheiden gebliebene Gast auf der Platte zurücklässt, obwohl er es vielleicht gerne nehmen würde. Wie groß ist die Freude, wenn er, der es aus Bescheidenheit nicht selber nimmt, es dann aber von dem Gastgeber angeboten bekommt? Genauso ist es auch im Leben: Wahre Freude entwächst oft dem, was wir uns nicht selber nehmen, sondern geschenkt bekommen. Das Vertrauen eines anderen Menschen, seine Liebe und Zuneigung kann man sich nicht einfach nehmen, sondern nur geschenkt bekommen.

Die Bescheidenheit ist deshalb eine innere Haltung, die zu einer sehr realistischen Sicht des Lebens führt, denn was beim letzten Kuchenstück auf der Platte nur Wohlerzogenheit oder gutes Benehmen ist, das ist im Leben gegenüber anderen Werten die notwendige Voraussetzung, um überhaupt in ihren Genuss zu gelangen.

Zwar entwuchs das Lebensprinzip der Bescheidenheit schon bei den griechischen Philosophen der Erkenntnis, dass alles Übermaß im Leben schädlich ist, aber die Bescheidenheit ist nicht nur zur Zügelung der Unmäßigkeit wichtig, sondern zu weit mehr.

Natürlich ist es in unserer Gesellschaft löblich, wenn sich jemand bescheiden kann, denn die Angebotsfülle und die allgegenwärtigen Konsummöglichkeiten gefährden die edle Tugend der Bescheidenheit. Sie kann sich schlecht entwickeln, wenn allerorten Bedürfnisse geweckt werden. Bescheidenheit als Haltung, mit wenigem zufrieden zu sein, ist deshalb in dieser Gesellschaft schwer und etwas Besonderes. Natürlich ist sie auch eine achtbare Antwort auf all den Luxus unserer Zeit. Aber damit nicht genug. Die Bescheidenheit ist nämlich auch ein ehrliches und konsequentes Plädoyer für ein Menschenbild, das sich nicht vom Materialismus überformen lässt.

Wo die Mehrheit aus dem Vollen schöpfen und von den verfügbaren Produkten am liebsten alles haben will, da distanziert sich der Bescheidene von der orgiastischen Konsumbefriedigung, weil er selbst andere Werte hat. Der Bescheidene ist – sagen wir es einmal so – ein Philosoph. Er sucht durch die bewusste Abstinenz vom Materiellen nach Antworten auf Fragen, die sich dem Unbescheidenen gar nicht stellen würden. Die Bescheidenheit ist der Weg zum Wesentlichen.

Die Bescheidenheit als bewusste Distanz zum Materiellen trennt immer neu das Wesentliche vom Unwesentlichen und folgt damit jenem Satz aus »Der Cherubinische Wandersmann« des deutschen Barockdichters Angelus Silesius: »Mensch, werde wesentlich«.

Es gibt keine ernstzunehmende philosophische oder religiöse Tradition, die nicht darum weiß, dass des Menschen Wesen ein innerer Wert ist, der sich in der Tiefe seines Denkens widerspiegelt und in jeder seiner Handlungen genauso aufscheint wie in der Intensität seines Liebens, in der Echtheit seiner Gebete und in der Glaubwürdigkeit seines Redens.

Wer in sich selbst einkehrt und immer wieder nachsinnt, wer sich immer neu dem Geheimnis des Lebens und seiner selbst aussetzt, der ist auf dem besten Weg, wesentlich zu werden.

Im Letzten wird nur das Wesentliche dem erbarmungslosen Ansturm unserer konsumistischen Zeit standhalten. Auf dieses Wesentliche verweist der Bescheidene. Die Bescheidenheit verweist darauf, dass vieles nicht wichtig ist. Sie öffnet den Blick für all das, was über das Materielle hinaus geht. Das ist ihre bleibende Zier im Kreise der Tugenden.

Die Tugendübung der Bescheidenheit hat ihren Ursprung in der grundlegenden Erkenntnis, dass es etwas gibt, was über das Materielle hinausgeht. Das Ziel der Bescheidenheit ist die innere Freiheit von äußeren Dingen. Darin ähnelt sie der Askese.

Askese

Die alte Todsünde der Völlerei hatten wir darin wiedererkannt, dass die Menschen in unserer Zeit nie genug eigene Erfahrungen machen können und diese sinnlos und unreflektiert in sich hineinstopfen. Erfahrungen sind heutzutage nicht mehr die Grundlage für die notwendigen Erkenntnisse, um auf dem Weg der Sinnsuche weiter voranzuschreiten, sondern sie sind ein Selbstzweck geworden. Jeder will möglichst alle Erfahrungen selber machen. Wie Fresssüchtige stopfen die Menschen alle Erfahrungsmöglichkeiten, die das Leben bietet, in sich hinein.

Doch auch hier kann eine Tugend Abhilfe schaffen: Schon immer war die Askese das Gegenmittel zur Völlerei. Die Askese bezieht sich weitgehend auf innere Abhängigkeiten; sie ist der Weg, auf dem ein Mensch sein aus dem Ruder gelaufenes Leben wieder unter Kontrolle bringen kann.

Askese bedeutet im Griechischen üben, sich befleißigen *(askeo)*. Das lateinische Pendant dazu ist *exercitare,* woher dann auch der Begriff Exerzitien stammt. Askese und Exerzitien dienen der Einübung in bestimmte tugendhafte Haltungen. Oder andersherum: Weil alle Tugenden geübt und eingeübt werden müssen, hat jede Tugend*übung* etwas mit Askese zu tun. Sie soll dazu verhelfen, dass sich der Mensch bestimmte Tugenden zu Herzen nimmt und sie – im wahrsten Sinne des Wortes – beherzigt.

Jede asketische Übung basiert auf einer freien Entscheidung und ist eine spezielle Leistung. Der freie Wille ist die Voraussetzung für jede Askese. Ohne ihn wären alle Tugendübungen um ihre eigentliche Dimension kastriert und verkämen zum willenlosen Kasernenhofgehorsam.

Wenn aufgrund mangelnder Gelegenheit zur Sünde die Freiheit und der freie Wille gar nicht angesprochen sind, so kann man auch nicht von Tugend sprechen. Wie der Volksmund spöttisch formuliert: »So mancher ist nur tugendhaft, weil ihm zum Laster fehlt die Kraft.«

Der Begriff Askese ist stark mit dem religiösen Umfeld verknüpft, stammt aber ursprünglich aus dem Bereich des Sports. Hier bezeichnete im alten Griechenland *askesis* den notwendigen Lebensstil zur Vorbereitung des Athleten auf die Kampfspiele, hatte also ursprünglich eine Bedeutung wie heute das Wort *Training*. Aber bereits in der griechischen Philosophie kommt der Begriff vor[28] und wird hier schon als Übung im übertragenen Sinne verstanden: die Übung zur Überwindung der Untugenden und Laster.

Heute ist der Begriff Askese fast vollständig aus dem allgemeinen Sprachgebrauch verschwunden. Stattdessen hat sich das Wort »Fasten« eingebürgert. Dieser Begriff ist den umgekehrten Weg des Wortes Askese gegangen und aus der religiösen Sphäre in die Alltagssprache gekommen. Fasten hat auf diesem Weg aber auch einen erheblichen Bedeutungswandel mitgemacht. Wer heute fastet, der tut das hauptsächlich zum Abnehmen oder als sogenanntes Heilfasten. Aber jemandem, der mittels Heilfasten seinen Körper entschlacken will, würde man noch keine asketische Gesinnung zubilligen. Und genauso würde man niemanden ernsthaft einen Asketen nennen, nur weil er eine Zeit lang keinen Alkohol trinkt, um seine Leber zu entlasten.

Bei der Askese geht es um mehr. Erst die Askese offenbart, dass die Tugendhaftigkeit kein Selbstzweck ist, sondern noch einem anderen, höheren Zweck dient: Der Asket ist im wahrsten Sinne des Wortes re-ligiös; er weiß sich immer rückgebunden an etwas Großes und Ganzes, das ihn übersteigt. Jemand, der tatsächlich Askese als tugendhafte Haltung einübt, ist spirituell, denn der Askese geht es nicht um sich selbst, den Körper, die Gesundheit, sondern letztlich um das Göttliche. Deshalb spielt die Askese in jeder Religion eine bedeutende Rolle.

Durch die Askese soll der Geist frei werden, sodass er sich mit den letzten Dingen, dem Sein als Ganzem, der Freiheit als solcher, der nicht mehr steigerbaren Freude befassen kann. Die Askese will den Weg zur Metaphysik frei machen und zur tieferen Erkenntnis des Göttlichen führen. Ihr Ziel ist es, eine bleibende Freiheit von charakterlichen Fehlhaltungen zu erwirken, damit dem Menschen das Göttliche nicht verloren geht.

Die Askese führt zu einem bejahenden Seinsverständnis. Sie offenbart sich als ein Weg, dem Diesseits zutiefst positiv zu begegnen. Dessen ungeachtet haben Asketen bedauerlicherweise bis auf den heutigen Tag den Ruf, besonders weltfern zu sein. Sie gelten als leidenschaftslos, lebensverneinend und lustfeindlich und werden oft mit den Kasteiungen mittelalterlicher Mönche in Verbindung gebracht, die sich zur Abtötung falscher Anhänglichkeiten an diese Welt geißeln und in kargen Klöstern ein enthaltsames Leben führen.

Natürlich besteht die Gefahr, dass die Entsagung des Asketen zu einem negativen Welt- und Menschenbild führt. Schnell kann sich der Asket über diejenigen erheben, die mehr brauchen als er und die solch ein asketisches Leben nicht führen können. Dann hat die Askese genau das Gegenteil dessen erreicht, was sie sollte, und sich in Stolz verkehrt. Über diesen schreibt schon der heilige Augustinus in seiner Mönchregel: »Jede andere Sünde geschieht durch böse Werke, die man tut: Der Stolz dagegen schadet auch den guten Werken und macht sie zunichte.«[29]

Menschen, denen das Religiös-Spirituelle für ihr eigenes Leben nichts oder nur wenig bedeutet, können häufig mit Askese wenig anfangen. Nicht zuletzt haben schmalztriefende Herzschmerzstreifen wie die »Geschichte einer Nonne« oder gar die »Dornenvögel« einem breiten Publikum auch das Zerrbild der christlichen Variante eines asketischen Lebens gezeichnet. Für viele Menschen sind derartige Filme die einzige Quelle, aus der sie ihre Kenntnis über Askese beziehen.

Es gibt allerdings auch positive Beispiele, wie den preisgekrönten Dokumentarfilm »Die große Stille« über eine Gemeinschaft von Karthäusermönchen in den französischen Alpen. Allerdings bleibt die Frage, wer sich denn tatsächlich 180 Minuten Zeit nimmt, sich mit einem Lebensstil zu befassen, den man über andere, spannendere und emotional spektakulärere Filme vielleicht längst schon kennengelernt zu haben meint.

Entgegen weitverbreiteter Ansicht, mit der ich als Ordensmann immer wieder konfrontiert werde, kann asketisches Leben tatsächlich zu einer großen inneren Freude führen und einen ganz neuen Blick auf die Welt und die Dinge öffnen. Diese Erfahrung ist nicht-spirituellen Menschen weitgehend fremd, und sie ist in der Tat auch Außenstehenden schwer vermittelbar. Zu welcher geistigen Freude die Askese führen kann, wird letztlich nur durchs Tun erfahrbar. Vielleicht ist es deshalb seit einigen Jahren Mode, dass Manager und Wirtschaftsbosse sich für ein paar Tage in ein Kloster zurückziehen, um hier womöglich vom genus loci zu profitieren und durch einen völlig anderen Lebensstil in geistige Zustände zu kommen, die ihnen im normalen Leben verschlossen bleiben? Ich halte es übrigens nicht für das Schlechteste, auf diesem Wege »Askese auf Zeit« zu betreiben. Vielleicht kann solch ein Schnupperpraktikum in Sachen Askese tatsächlich manch einem gestressten Unternehmer längst verschüttete geistige Welten wieder eröffnen.

Mir selbst ist es als Sechzehnjährigem so ergangen, als ich zum ersten Mal in meinem Leben in einem christlichen Kloster zu Besuch war: Ich habe mich in einer vollkommen anderen Welt wiedergefunden. Die dort vorherrschende Fröhlichkeit und Freude hat mich zunächst sehr überrascht. Erst im Verlaufe mehrerer Tage lernte ich, mich auf diese eigentümlich freudvolle Stimmung einzulassen, und war am Ende davon so sehr bewegt, dass es mich bis auf den heutigen Tag nicht mehr losgelassen hat.

Auch Gästen, die heute in die klösterliche Gemeinschaft kommen, der ich angehöre, ist anzumerken, wie verwundert sie oft über Natürlichkeit und Fröhlichkeit sind, die man dort antrifft. Am lustigsten war es einmal mit einer Mutter, die ihre beiden Söhne über die Faschingszeit zu uns ins Kloster brachte, damit sie dem weltlichen Treiben entzogen seien und den Gefährdungen der Fastnacht nicht ausgeliefert würden. Die beiden allerdings waren nicht schlecht überrascht, dass auch im Kloster Fasching gefeiert wurde mit Kostümen und Luftschlangen, mit gutem Essen, einem anständigen Tropfen und geistreichen Beiträgen. Am Ende fanden sie das bunte Treiben wohltuender als alles, das sie je »draußen« erlebt hatten (und sind beide übrigens seit vielen Jahren in der Gemeinschaft als Mitbrüder).

»Askese« heißt, so zu leben, dass die Fröhlichkeit nicht in gnadenloser Zecherei endet, dass die Freude am Essen nicht in maßlose Völlerei ausartet, dass der Humor nicht in beißenden Zynismus umkippt, dass Kritik nicht zur ätzenden Zerstörung anderer wird usw. Die asketische Gesinnung bekämpft nicht die Selbstachtung, aber verhindert die Selbstsucht. Sie führt zu einer Gegenwarts- und Diesseitsbejahung, ohne dass der Mensch sich gedankenlos im Augenblick verliert.

Vielleicht ist dies eine der schönsten Seiten der Askese: zu zeigen, dass es auch ein Leben vor dem Tod gibt. Wer das erkennt, der wird aller Gleichgültigkeit entrissen und kann sich mit großer Gelassenheit dem Diesseits lebensbejahend zuwenden. Deshalb kann man über die Askese sagen, was ich einmal als Student in einer Predigt aufgeschnappt habe: Wahre Askese erweist sich darin, dass man fromm in der Kneipe und fröhlich in der Kirche sein kann.

Diese Art von Askese ist unverkrampft und strahlt eine große Gelassenheit aus. Damit sind wir bei einer weiteren Tugend.

Gelassenheit

Die Tugend der Gelassenheit steht der Todsünde der Gleichgültigkeit gegenüber. Diese Gleichgültigkeit, so wurde vorne ausgeführt, entwickelt sich als Fehlhaltung aus der utopischen Vorstellung grenzenloser Freiheit, von der viele Menschen in unserer Zeit träumen. Grenzenlose Freiheit wird dabei verstanden als Freiheit von möglichst allen Zwängen. Wo aber keine Zwänge sind, da schleichen sich die Trägheit und die Gleichgültigkeit ein.

Es scheint in unserer Zeit für bestimmte Lebensentwürfe besonders viel Verständnis zu geben. Jemand, in dessen Leben Spaß, Erlebnisse, Erfolg und Freiheit einen großen Stellenwert haben, braucht sich normalerweise um seine gesellschaftliche Akzeptanz keine Sorgen zu machen. Wer sich ständig fragt, was die anderen von ihm halten, und sich nach Kräften darum bemüht, dazuzugehören, der hat es in unserer oberflächlichen Gesellschaft schon »geschafft«, der ist akzeptiert.

Man muss sich in diesen oder jenen Kreisen blicken lassen, jenes Restaurant oder Konzert besuchen, bestimmte Fernsehsendungen sehen und seine Informationen aus bestimmten Zeitschriften beziehen, immer schön stromlinienförmig auf der Straße des Erfolgs und der Visionen – dann ist die Welt in Ordnung.

Symptomatisch für eine solche Gesellschaft scheinen mir die Cover-Schönheiten auf den Zeitschriften zu sein. Sogar die für diese leider sehr effektive Art von Gehirnwäsche anfälligen jungen Mädchen wissen inzwischen, dass es diese Frauen in echt gar nicht gibt. Diese Models sind nur eine Art Rohmodell für die herrschende Auffassung von Schönheit, die der Grafiker am Computer nach Herzenslust schönt, verwandelt, umformt, modelliert. Dass die Models dabei bis zur Unkenntlichkeit verändert werden, bewahrt sie selber leider nicht vor Magersucht. Jeder, der mit offenen Augen durch die Welt geht, weiß um das Blendwerk der Pixelschönheiten auf Hochglanzpapier. Bestenfalls amüsiert man sich über die wegretuschierten Speckröllchen von Staatspräsidenten – aber keiner fühlt sich betrogen oder hinters Licht geführt.

In unserer Gesellschaft scheint das Wissen um den betrügerischen Glanz der Oberflächlichkeit immer noch spannender und erregender zu sein als der Blick auf die Realität. Die »Covergirl-Ideologie« geht so weit, dass viele Menschen glauben, sie seien glücklich, wenn andere sie für glücklich halten. Nicht mehr glücklich zu sein ist das Ziel, sondern so eingeschätzt zu werden. Das reicht den meisten schon. Es geht eben nicht darum, ein gutes Leben zu führen, sondern darum, von anderen um das Leben, das man scheinbar führt, beneidet zu werden.

Alles muss schön anzusehen sein, damit wir uns wohlfühlen. Ohne Design geht nichts mehr, sogar beim eigenen Körper. Elfenbeinweiße Zähne und ein wohlgeformter Körper sind geradezu ein Muss. Die Schönheitschirurgen freut's. Bringt ja auch Geld in die Kasse, wenn sich schon 16-Jährige die Nase richten, das Fett absaugen oder die Brust vergrößern lassen. Doch auch 60-Jährige Männer legen sich inzwischen unters Messer. Daran zeigt sich, dass es nur vordergründig um Schönheit – einst und wohl noch lange die Bastion der Frauen – geht. Es geht um Jugendwahn, um perfekte Oberflächen, um die Gestaltungshoheit über den eigenen Körper. Diese Ideologie hat sich dabei geschickt gegen jeden Spielverderber abgesichert, der die Bastion der glückselig Betrogenen stürmen will. Der zarteste Hinweis, dass es so etwas wie Schamgefühl gibt, wird mit dem Ideologiehammer des Konservativismusvorwurfs zertrümmert. Und wer möchte schon gerne ein Spielverderber sein?

Eine traurige Begleiterscheinung dieser oberflächlichen

Weltsicht scheint sich mir in der enttäuschenden Diskussion um das Weltklima zu offenbaren. Da geht unsere schöne und einmalige Erde vor die Hunde, und es ist nicht einmal der banalste Minimalkonsens zu erzielen! Unser Disneyland des schönen Scheins rast in den Abgrund, aber niemanden kümmert es. Unsere Gesellschaft ist mit einem Base Jumper vergleichbar, der vom 20. Stockwerk eines Hochhauses springt und erst unterwegs merkt, dass er seinen Fallschirm vergessen hat. Und nach jeder Etage, die er im rasendem Fall passiert, sagt er sich: Bis hierher ist es gut gegangen! Wie es weitergeht, kann man sich denken.

Es passt zu der ganzen Oberflächlichkeit, über die wir hier reden, dass es für manche Teile unserer Gesellschaft als schlimm gilt, normal zu sein. Ich habe einmal einen herrlichen Cartoon gesehen, auf dem ein Patient seinem Psychiater mit schmerzverzerrtem Gesicht klagt: »Herr Doktor, ich bin so normal.« Ich frage mich manchmal, wie oberflächlich ein Mensch sein muss, wenn er das Normale für verachtenswert oder wenigstens doch für nicht erstrebenswert hält. Mit der Gelassenheit kann es bei solchen Menschen nicht allzu weit her sein.

Erstrebenswert, so suggerieren die entsprechenden TV-Sendungen und Events, ist nicht das Normale, sondern das Außergewöhnliche. Zwar werden es die wenigsten Menschen schaffen, sich als Star von der Masse abzuheben, aber immerhin macht es einem voyeuristischen Publikum quotentreibende Freude, dabei zuzusehen, wie Woche für Woche junge Teenager ihren tränenreichen Abschied von der großen Bühne ihrer verwirrten Lebensentwürfe nehmen.

Diese Shows schüren Hoffnungen, die in den meisten Fällen bitter enttäuscht werden. Sie lenken das Sinnen und Trachten vieler Jugendlicher in völlig falsche Bahnen. Man darf die suggestive Wirkung des »star searching« nicht unterschätzen und fragt sich sorgenvoll: Was wird wohl aus einer Generation werden, die weisgemacht bekommt, jeder könne berühmt werden? Nicht viel, fürchte ich.

Und weil es offenbar so schwer ist, das Normale zu ertragen, und gleichzeitig ebenso schwer, tatsächlich etwas Außergewöhnliches zu leisten, begnügen sich viele damit, so zu tun als ob: Sie tun, als ob sie glücklich seien, als ob sie prominent wären, als ob alle Welt auf ihre Erkenntnisse, Autobiographien, Kochkünste oder künstlerischen Ergüsse gewartet hätte.

Allerdings erhebt sich die Frage, wie lange diese Oberflächlichkeit im Leben tatsächlich durchzuhalten ist. Glücklich ist der, der in diesem Wahnwitz mit der Tugend der Gelassenheit ausgerüstet ist.

Der Gelassene ist zu einer inneren Distanz fähig, ohne in gelangweilte Gleichgültigkeit abzurutschen. Er kann einfühlsam sein, ohne sich von der Seelenlage des Gegenübers anstecken zu lassen, kann arbeiten, ohne in rastlose Geschäftigkeit zu verfallen. Der Gelassene kann andere sein lassen, ohne dass er dafür seinen eigenen Standpunkt aufgeben müsste. Er fühlt sich nicht verpflichtet, seine Meinung zu sagen, aber er vertritt diese, wenn er danach gefragt wird. Er muss nicht alles mitmachen, um dazuzugehören, und wird doch meistens akzeptiert. Was andere erhitzt und aufwühlt, kann er mit beruhigender Güte abwiegeln und so in Gruppen für einen Ausgleich der Gemüter sorgen. Von dem, was andere in den Wahnsinn treibt, kann er sich mit einem liebevollen Lächeln distanzieren. Der Gelassene weiß, dass nichts so heiß gegessen wie es gekocht wird.

Der Gelassene muss nicht jede Mode mitmachen, er muss nicht immer im Mittelpunkt stehen. Ein gelassener Mensch vermittelt immer den Eindruck, er ruhe in sich selbst.

Manche Menschen versuchen sich gerade in Situationen, die sie ohnehin nicht ändern können, zu Gelassenheit zu zwingen. Ein Autofahrer beispielsweise, der im Stau steht, sagt sich dann, er müsse ruhig bleiben. Aber diese Haltung ist noch keine Gelassenheit, sie hat eher etwas mit Vernunft zu tun. Wenn die Zeit drängt oder der alte Teufel namens Hektik einem im Nacken sitzt und einflüstert, man müsste schneller vorankommen, als es die gegenwärtige Verkehrssituation ermöglicht, dann ist es vernünftig, diesen irrationalen Einflüsterungen nicht nachzugeben, aber mit der Tugend der Gelassenheit hat das nicht viel zu tun.

Wahre Gelassenheit entsteht nämlich gerade in Situationen, die man durchaus ändern könnte, ja, die man am liebsten ändern würde. Die Gelassenheit ist jene Haltung, durch die man über den Dingen steht und darauf verzichtet, die Umstände selber zu ändern. Das macht die Gelassenheit so edel.

Echte Gelassenheit ist eine Zier. Die Gelassenheit hat etwas Gewinnendes. Sie ist zurückhaltend und klagt nie an. Allein ihre Gegenwart wird oft nicht ertragen. Gelassenheit ist die Kühlung in der Hitze. Echte Gelassenheit hat etwas Überzeugendes, drängt sich nicht auf, lärmt nicht, führt nicht das Wort. Sanftmut, Güte, Geduld, Herzlichkeit, Milde und Erbarmen sind die Vettern der Gelassenheit. Die Gelassenheit ist verwandt mit der Freiheit. Deshalb wirkt der Gelassene oft so anziehend, ohne dass er sich selbst dessen bewusst ist. Gelassenheit kann man nicht vorspielen, weil wir Menschen ein Gespür dafür haben, ob sie echt ist. Der Gelassene ist rollensicher ohne Attitüden, selbstbewusst ohne Prahlerei und führungsstark ohne Anmaßung. Der Gelassene kann Besitz haben, aber er ist nicht abhängig von Hab und Gut.

Die Gelassenheit begnügt sich mit der Selbsterkenntnis, dass man nicht mit dem Kopf durch die Wand kann. Wo der Jähzorn wütet, nimmt sich die Gelassenheit zurück und erkennt ihre eigenen Grenzen. Sie fällt auf die leeren Versprechungen nicht so leicht herein, ist nicht so verführbar, nicht käuflich, nicht bestechlich.

Ich glaube, dass die Gelassenheit jene Tugend ist, von der jeder gerne etwas hätte – insbesondere, wenn sie sich noch mit Altersweisheit paart. Auf jeden Fall aber führt die innere Haltung der Gelassenheit zu einer weiteren Tugend, die in heutigen Tagen selten geworden ist: die Mitfreude.

Mitfreude

Die Angst, etwas zu verpassen, ist das Stigma der Eventgesellschaft. Dahinter steckt die alte Todsünde des Neids. Denn wer sein Leben nur als Aneinanderreihung von spaßigen Erlebnissen betrachtet, der wird neidisch werden, wenn er merkt, dass er ein Event verpasst hat, während er auf einem anderen Event war.

Die Mitfreude nun ist das ausgleichende Pendant zum Neid, zur Missgunst, zur Eifersucht. Aber was ist an der Fähigkeit, sich mit anderen zu freuen, tugendhaft? Ist das nicht selbstverständlich? In bestimmten Zusammenhängen ist es das tatsächlich. Zweifelsohne sind Eltern in der Lage, sich von der Freude ihrer Kinder anstecken zu lassen. Wenn aber die Kleinen nicht mehr ganz so süß sind, sieht es auch mit der einst selbstverständlichen elterlichen Mitfreude anders aus. Spätestens dann, wenn die 15-jährige Tochter den ersten Freund mit nach Hause bringt, merkt jede Mutter, dass die Mitfreude nicht mehr so einfach ist wie ehedem.

Im Alltag ist von der Mitfreude sehr selten die Rede; viel häufiger sprechen wir über das Mitleid. Die Empfindung des Mitleids entwickelt sich auch tatsächlich leichter als das so ambivalente Gefühl der Mitfreude. Mitleid scheint in seiner Empfindung reiner, eindeutiger zu sein als die Mitfreude. Der Schmerz, den man verspürt, wenn man mit jemandem im wahrsten Sinne des Wortes mitleidet, ist ein nachvollziehbarer Indikator: Wenn es wirklich wehtut, dann ist es Mitleid.

Das ist bei der Mitfreude leider nicht ganz so eindeutig. Schnell mengt sich in die Mitfreude die Bitterkeit, das Ärgernis, die Eifersucht oder die Selbstsucht. Auch die reinste Mitfreude enthält noch eine homöopathische Dosis an Missgunst und kann unvermittelt in Schadenfreude oder Spott umschlagen. Ein kurzer Impuls echter Mitfreude kann in eine lange Zeit des neidvollen Grams münden.

Das Mitleid ist nicht wechselhaft, sondern stet und ziemlich verlässlich. Mitleid hat viel weniger Nuancen als die Mitfreude. Die Fähigkeit zum Mitleid ist keine Tugend, eher eine Folge emotionaler Nähe. Die Unfähigkeit zum Mitleid ist keine Sünde, sondern hat ihren Ursprung in der mangelnden Beziehung zwischen dem »Opfer« und seinem Gegenüber. So gesehen ist Mitleidlosigkeit nichts anderes als Lieblosigkeit.

Das sieht bei der Mitfreude ganz anders aus; man kann seltsamerweise mit jemandem emotional verbunden sein und dennoch keine Mitfreude mit ihm empfinden. Im Gegenteil, gerade die Liebe ist ein so starkes emotionales Geflecht, dass man zur Mitfreude an der Freude des Geliebten oft nur mit Mühe fähig ist. Aber die mangelnde Mitfreude hat ihre Ursache nicht in mangelnder Liebe, sondern in zu großem Egoismus, Neid oder Eifersucht, die sich wie ein trüber Schleier über die positiven Emotionen legen.

Wie jede andere Tugend ist auch die Mitfreude nur möglich, wenn der Mensch an sich arbeitet. Sie ist aus sich heraus nicht stark und neigt dazu, kleinsten Widerständen sofort nachzugeben – wie ein flüchtiges Gas, das sofort entweicht. Die Mitfreude ist eine Tugend, die man nicht »üben« kann. Man muss vielmehr die Gründe bekämpfen, die die Mitfreude nicht aufkommen lassen.

Es gibt im Neuen Testament eine kurze Geschichte über die

Mitfreude: »Wenn eine Frau zehn Drachmen hat und eine davon verliert, zündet sie dann nicht eine Lampe an, fegt das ganze Haus und sucht unermüdlich, bis sie das Geldstück findet? Und wenn sie es gefunden hat, ruft sie ihre Freundinnen und Nachbarinnen zusammen und sagt: Freut euch mit mir; ich habe die Drachme wiedergefunden, die ich verloren hatte.«[30]

Das Gleichnis hebt auf zwei Dinge ab: Hier tut jemand unermüdlich das in seiner Macht Stehende, um erlittene Verluste wieder hereinzuholen, und möchte anschließend die Freude über seinen Erfolg mit anderen teilen. Die Frau tut dies in Form einer kleinen Feier, zu der sie ihre Freunde und Nachbarn einlädt.

Der Text macht deutlich, dass es im Leben keineswegs nur um unermüdliche Arbeit zur Regelung der Finanzen geht, sondern dass die Arbeit in ein Fest der Mitfreude führen kann. Erst kommt die Arbeit, dann das Vergnügen. Erst kommt das Geschäftliche, und wenn die Ziele erreicht sind, dann kann und muss man auch miteinander feiern.

Und genau hier ist auch die Aussage dieses Gleichnisses für viele Manager und Führungskräfte zu finden: Als Entscheidungsträger brauchen sie Mut für Entscheidungen im alltäglichen Geschäft, bei dem es auch Verluste gibt, wie in dem Gleichnis mit der verlorenen Drachme. Ein Unternehmer muss zwar alles in seiner Macht Stehende tun, diese Verluste wieder wettzumachen, wie es im Gleichnis durch das Anzünden der Lampe, das Fegen und unermüdliche Suchen ausgedrückt ist. Aber das zugrunde liegende Motiv unternehmerischen Handelns zielt auf die Freude, mehr noch: auf die Mitfreude, wie es im Gleichnis durch den Ausspruch »Freut euch mit mir« deutlich wird. Diese Freude ist die Motivation für wirtschaftliches Handeln, und um ihretwillen nimmt man wohl oder übel das mühsame Tagesgeschäft in Kauf. Wenn die Arbeit aber so ist, dass keine Freude mehr entsteht, dann sieht die Welt trübe aus. Ohne die verbindende Mitfreude entsteht jener Sozialneid, der Gift für unsere Gesellschaft ist.

Unternehmer können bei den Mitarbeitern auf vielfältige Weise Mitfreude wecken. Der Lohn steht dabei nicht einmal an erster Stelle; auch die Anerkennung für geleistete Arbeiten hat einen sehr hohen Wert. Mitfreude entsteht auch dadurch, dass die Angestellten an den Konzerngewinnen teilhaben.

Das Gleichnis ist eine Parabel für das, was Freude am Ende ist: Mitfreude. Alles, was die Frau tut, dient weder nur dem Wiederfinden des Verlorenen noch allein dem egoistischen Genuss der eigenen kleinen Freude. Mitfreude ist das Mit-Erleben einer Freude, die sich aus der Ewigkeit ins Herz senkt.

Zu dem Gleichnis von der Frau, die zur Mitfreude über die wiedergefundene Drachme einlädt, gehört ein abschließender Satz, durch den die kleine Erzählung interpretiert wird. Dieser Satz zeigt, dass anhand der vorangegangenen konstruierten Geschichte etwas anderes verdeutlicht werden sollte. Der Satz lautet: »Ebenso herrscht auch bei den Engeln Gottes Freude über einen einzigen Sünder, der umkehrt.«[31] Der Grund für die Freude der Engel ist die Umkehr des Sünders – die Abkehr von den Todsünden.

Wann immer ein Mensch von der Seite der negativen Charaktermerkmale, also den sogenannten Todsünden, auf die Tugendseite wechselt, wird das Freude verursachen. Zunächst einmal wird er selbst sich freuen, weil er etwas Verlorengeglaubtes wiederfindet. Dann wird er mit dieser Freude andere anstecken. Und schließlich werden sich sogar die Engel freuen.

Diese Freude der Engel kann jeder spüren, der sich auf den Weg macht, den Neid zu überwinden.

Leidenschaft

Auf dem Tugendweg gilt es auch den Zorn zu überwinden, jene Todsünde, die sich Bahn brechen kann, wenn wir Menschen an Grenzen stoßen und erkennen müssen, dass die Verheißung »Alles schafft der, der es will« sich nicht erfüllt. Das tugendhafte Gegenstück zum Zorn ist die Leidenschaft.

Der Leidenschaftliche wandelt auf einem schmalen Grat: Auf der einen Seite liegt die Geröllhalde des Zornes, auf die er schmerzhaft stürzen kann, und auf der anderen Seite tut sich der Abhang zur hysterischen Betriebsamkeit auf. Die Leidenschaft liegt genau in der Mitte zwischen gelangweilter Gleichgültigkeit und wütender Besserwisserei.

Die Leidenschaft ist jene Tugend, die der Sünde am nächsten ist. Sie braucht den Eifer, aber er darf nicht das Kommando übernehmen. Die Leidenschaft braucht die Glut, aber sie darf nicht zum vernichtenden Feuer werden. Der Zornige spielt mit dem Feuer, der Leidenschaftliche mit der Glut. Beide haben Temperament, aber der Zornige hat es nicht unter Kontrolle. Die Leidenschaft zügelt das Temperament; es gewinnt nicht die Oberhand. Deshalb nennt man die Leidenschaft auch den *heiligen Zorn*. Sie vernichtet nicht; sie verbindet sich mit der alten Kardinaltugend des Maßes (lat.: temperantia). Der Leidenschaftliche weiß sich zu temperieren. Er kennt seine Betriebstemperatur.

Die Leidenschaft ist ein Pendant zur Todsünde der Gleichgültigkeit und Trägheit. Der Leidenschaftliche ist tatenlustig, ohne ein Eiferer zu werden, er ist emsig, ohne geschäftig zu wirken. Sein Schaffensdrang wirkt leicht und zielstrebig, seine Regsamkeit artet nicht in Arbeitswut aus. Er ist kein Berserker, ist fleißig, ohne ein Streber zu sein, beharrlich, ohne auf die Nerven zu gehen, und ausdauernd, ohne sich zu sehr in etwas zu verbeißen. Er ist mitreißend, aber er stiftet kein Unheil. Wissbegierde und Lerneifer lassen ihn nicht ruhen, aber er ist kein Hektiker. Träge Passivität überwindet er mit einem strebsamen Geist. Er begeistert andere, ohne sie zu naiver Schwärmerei zu verführen. Der Leidenschaftliche kann sich für eine Sache verzehren, aber er verbrennt in ihr nicht wie in einem vernichtenden Feuer.

Die Tugend der Leidenschaft gibt es nicht zum Nulltarif. Sie muss – wie alle anderen Tugenden auch – erarbeitet werden. Man muss immer wieder lernen, die falschen Leidenschaften von den richtigen zu unterscheiden. Wir hatten oben schon darüber nachgedacht, wie sehr die Eifersucht eine falsche Leidenschaft ist. Auch Extremismus kann oberflächlich betrachtet zunächst wie Leidenschaft aussehen und ist doch von ihr sehr weit entfernt. Einen Terroristen beispielsweise würde man nicht als jemanden bezeichnen, der leidenschaftlich für seine Ziele eintritt, allenfalls – aber auch nur allenfalls! – könnte man ihm attestieren, dass er einer falschen Leidenschaft folgt. Ebenso würde man auch einen Alkoholiker nicht als jemanden bezeichnen, der leidenschaftlich gerne trinkt, allenfalls könnte man sagen, dass er es mit seiner Leidenschaft für Alkohol übertreibt und insofern einer falschen Leidenschaft folgt. Falsche Leidenschaften sind Verhaltensweisen, die nach Leidenschaft aussehen, es aber genau betrachtet nicht sind.

Es gehört mit zur Leidenschaft, dass sie sich zügelt und vom Menschen im Zaum gehalten wird. Und genauso gehört es zur Leidenschaft, die Flinte nichts ins Korn zu werfen oder in traurige Passivität zu verfallen, wenn die Leidenschaft auf Hürden stößt. Die Leidenschaft hat etwas Vorwärtsdrängendes, und wer sich das bewahrt, wird auf ihrem schmalen Pfad gut wandeln.

Schmal ist der Pfad, weil der an sich schon extremen Leidenschaft die gefährlich Tendenz zu noch mehr Extremismus innewohnt. Die Leidenschaft muss immer in Zaum gehalten werden. Lässt man ihr freien Lauf, so kann sie in Sucht und Gier umschlagen. In dieser Ausprägung, beispielsweise als Ruhmsucht oder Habgier, ist sie ein Laster und kann krankhaft sein. Der Leidenschaftliche muss zugleich die Kunst beherrschen, seine Leidenschaft nicht aus dem Ruder laufen zu lassen oder die Kontrolle an sie abgeben zu müssen. Im Unterschied zum Trieb kommt die Leidenschaft nicht bei jedem Menschen vor, sondern bleibt auf Einzelne beschränkt.

Der Leidenschaftliche weiß, dass er nur wenig tun kann, aber dieses wenige tut er. Ihm ist es nicht gleichgültig, wie es in der Welt zugeht; er will sie verbessern. Vielleicht liegt die Leidenschaft für die Wahrheit jeder anderen Leidenschaft zugrunde und spiegelt sich in ihr wider. Die Wahrheit fällt nicht einfach vom Himmel und leuchtet nicht allein durchs Nachdenken ein. Über die Wahrheit stolpert man nicht, wenn sie zufällig am Rand des Lebensweges liegt; sie wird durch aktives und zielgerichtetes Suchen entdeckt wie ein Schatz.

Auch hierfür muss sich der Mensch auf den Weg machen. Genauso, wie sich der Sinn einem Menschen nicht erschließt, wenn er in gleichgültiger Trägheit und Langeweile in der Stube hockt, lässt sich auch die Wahrheit nicht finden, wenn man herumsitzt und auf Erleuchtung hofft.

Die Leidenschaft für die Wahrheit ist der Motor des Menschen. Insofern ist die Wahrheit so etwas wie die Zwillingsschwester des Sinns. Sie sind einander zum Verwechseln ähnlich, treten meist gemeinsam auf, und doch sind sie zwei eigenständige Größen. Sinn und Wahrheit findet man nur, wenn man sich bewegt, beide müssen immer wieder neu entdeckt werden.

Hat man sie aber gefunden, dann wird dem Menschen zugleich auch offenbar, dass es etwas gibt, das über ihn hinausweist, eine letzte sinnstiftende Größe, Gott, der auch als die letzte Wahrheit in den geschaffenen Dingen durchleuchtet.

Es ist eine uralte spirituelle Einsicht, dass kein Mensch Gott anerkennen kann, wenn er nicht zugleich demütig ist. Das Erkennen Gottes nämlich führt zur Erkenntnis der eigenen Kleinheit, und diese kann man durchaus als den Beginn der Demut bezeichnen.

Demut

Wir haben den Hochmut unserer Zeit darin erkannt, dass sich die Naturwissenschaften als neue Heilslehre aufschwingen. Aufgrund des mechanistischen Denkens wird der Mensch zu der hochmütigen Ansicht verführt, sich nichts und niemandem zu verdanken. Dagegen ist Demut eine altmodische Tugend. Sie scheint so gar nicht in die heutige Zeit zu passen, wo es in erster Linie darum geht, der Stärkere zu sein, sich durchzusetzen und mit allen Mitteln die gesteckten Ziele zu erreichen – koste es, was es wolle.

Die Demut passt nicht in das Konzept der Evolution, wo sich der Stärkere und Rücksichtslosere durchsetzt. Die Demut ist so gesehen wider die biologische Natur des Menschen. Aber der Mensch wird nicht vollständig durch seine Biologie erfasst, sonst wäre er ja kein Mensch. Im Unterschied zum Tier steht der Menschen vor der Aufgabe, das Gewordene zu kultivieren. Die Demut gehört nicht zur Natur, aber zur Kultur – und damit zum Menschen.

Die Demut ist keine Tugend für Alphatiere, die sich die großen Stücke aus der Beute reißen und sich vor allen anderen an der Tränke laben. Während früher Stärke in viel höherem Maße ein wichtiges Kriterium für die nackte Existenz, für das eigene Überleben war, scheint es heute oft um bloße Muskelspiele zu gehen.

Eine Zeit, in der es scheinbar das höchste Ziel ist, ein Star zu sein, ziert sich nicht gerne mit der Demut. Das Rampenlicht öffentlicher Anerkennung taugt nichts für jene Gemüter, die still, für sich und mitunter auch mühsam nach dem Sinn suchen. Der Demütige weiß, dass es etwas für ihn Unerreichbares gibt, etwas, das über ihm und den Dingen ist und dem er sich verdankt. Er denkt weiter und weiß, dass Ruhm und Ehre letztlich die Sinnfrage nicht zu beantworten vermögen.

Unweigerlich wird zwar jeder irgendwann mit der Frage nach dem Sinn konfrontiert, aber ein hochmütiger Geist wird keine befriedigende Antwort auf die Sinnfrage hervorbringen. Diese letzte, drängende Frage, wozu das Leben gut sein soll, wird wiederkehren. Die Sinnfrage lässt sich nicht gelangweilt wegzappen – auch nicht aus einem von Eitelkeit geprägten Dasein. Das Leben ist mehr als eine Reise durch ein Potemkinsches Dorf mit schönen Fassaden; irgendwann geht der Maskenball zu Ende. Dann bröselt die getrocknete Schminke vom Gesicht wie alter Putz von den Fassaden. Dann merkt jeder, dass das Leben nicht nur eine Schau-, sondern auch eine Kehrseite hat.

Mit zunehmendem Alter wird auch die Dringlichkeit der Sinnfrage zunehmen, denn konfrontiert mit der eigenen Hinfälligkeit, mit sichtbarer werdenden Falten und Gebrechlichkeiten, kann der Mensch die Fassade des schönen Scheins nicht mehr aufrechterhalten. Eine Zeitlang mag es noch gehen, sich ein paar Jahre jünger zu schminken, aber irgendwann muss man sich der Realität stellen.

Ich habe vor mehr als 20 Jahren von einer Schülerin einen Text überreicht bekommen, dessen Urheber ich erst mit Hilfe des Internets ermitteln konnte. Er ist dem Psychoanalytiker und Sozialpsychologen Tobias Brocher offenbar von einem Studenten übergeben und dann veröffentlicht worden.[32] Der Text heißt »Brief eines Studenten« und drückt in schonungsloser Offenheit aus, in welcher Not sich Menschen befinden, die das Leben nur als Maskenball kennen.

»(...) Lass Dich nicht von mir narren. Lass Dich durch das Gesicht, das ich machte, nicht täuschen. Denn ich trage tausend Masken. Masken, die ich fürchte abzulegen, und keine davon bin ich. So zu tun als ob ist eine Kunst, die mir zur zweiten Natur wurde. Aber lass Dich dadurch nicht täuschen, um Gottes willen, lass Dich nicht von mir narren.

Ich mache den Eindruck, als sei ich umgänglich, als sei alles sonnig und heiter in mir, innen wie außen, als sei mein Name Vertrauen und mein Spiel Kühle, als sei ich ein stilles Wasser und als könne ich über alles bestimmen, so als brauchte ich niemanden. Aber glaube mir bitte nicht, bitte, glaube mir nicht!

Mein Äußeres mag sicher erscheinen, aber es ist eine Maske. Darunter ist nichts Entsprechendes. Darunter bin ich, wie ich wirklich bin, verwirrt in Furcht und alleine. Aber ich verberge das. Ich möchte nicht, dass es irgendjemand merkt. Beim bloßen Gedanken an meine Schwäche bekomme ich Panik und fürchte mich davor, mich anderen überhaupt auszusetzen. Gerade deshalb erfinde ich verzweifelt Masken, hinter denen ich mich verbergen kann: eine lässige, kluge Fassade, die mir hilft, etwas vorzutäuschen, die mich vor dem wissenden Blick sichert, der mich erkennen würde (...)«

So neu ist diese Thematik allerdings nicht. Schon in den mittelalterlichen Kathedralen gab es die unterschiedlichsten Motive und Darstellungen von jener unechten und jener wahren Welt, die sich hinter allem Schein auftut.

Besonders beeindruckend ist eine Steinskulptur im Freiburger Münster, eine gotische Figur in der Portalhalle dieses so sonderbaren Gotteshauses mit dem schönsten Turm der Christenheit. Die kolorierte Sandsteinstatue ist als letzte große Figur auf der Südseite so aufgestellt, dass sie erst beim Verlassen der Kirche wahrgenommen werden kann. Wie zufällig streift sie der Blick, und der zeigt einen schönen Jüngling, dessen rote Wangen ihm etwas jugendlich Frisches verleihen. Er lächelt charmant und trägt zwischen Daumen, Zeige- und Mittelfinger der rechten Hand eine Blüte. Der kleine Finger ist grazil gespreizt. Vom Scheitel bis zur Sohle wirkt er elegant, und auf dem Lockenhaar liegt ein Blumenkränzlein. Er hat den Kopf ein wenig zur Seite geneigt, als wolle er dem Gläubigen, kurz bevor dieser in die Welt hinaustritt, zurufen: Behalte mich in Erinnerung!

Und das wird er auch. Denn geht man einen Schritt weiter, stockt einem das Blut in den Adern, und ein Schauer des Ekels fährt durch die Glieder. Man traut seinen Augen kaum. War es eine Sinnestäuschung? Widerwillig schaut man ein weiteres Mal hin und sieht es nun überdeutlich: Der Rücken des Jünglings ist zerfressen von Maden und widerlichem Gewürm. Schlangen, Käfer und eklige Kröten sitzen ihm im Fleisch. Die schöne Kleidung entpuppt sich als Attrappe, sein Rücken ist nackt und von widerlichem Aasgetier zerfressen. Was gerade noch schön schien, ist dahin.

Seit mehr als 600 Jahren hat diese Figur die ungeheure Macht, große Emotionen zu wecken und den Betrachtern in Erinnerung zu bleiben. Es ist eine Warnung, die jenseits aller Kunstgeschichte von dieser stillen Gestalt an den Pforten eines Domes ausgeht: »Traue nicht dem schönen Schein!«

An dieser Skulptur ist zu erkennen, dass ein Leben nach dem schönen Schein nicht unbedingt ein Phänomen unserer Zeit ist. Allerdings bietet die Gegenwart weitaus mehr Möglichkeiten als das Mittelalter, die oberflächlichen Lebensauffassungen des Als-ob lange zu praktizieren. Es gibt heute mehr Gelegenheiten der Ablenkung und Flucht, mehr und bessere Produkte zum Überschminken und professionelle Hilfen zur Aufrechterhaltung eines schönen Scheins: ungezählte Visagisten, Stylisten, Nagelstudios und Haarverpflanzungsspezialisten helfen den Menschen, ihre Fassaden besser und stabiler zu bauen.

Was wäre, so könnte man fragen, wenn man sich den Rücken des schönen Jünglings im Freiburger Münster nicht anschaut, wenn man einfach nicht hinsieht, weil man nicht riskieren will, enttäuscht zu werden? Was ist, wenn man es nicht erträgt, mit der Wahrheit konfrontiert zu werden, weil man an ihr schwerer trägt als am schönen Schein?

Letztendlich steht jeder Mensch vor der Frage, ob er das Leben weiterhin als einen Maskenball der Eitelkeiten und der Verstellungen leben will oder ob er sein eigenes Leben als einen Prozess der Wahrwerdung ansieht. Der Demütige weiß, dass es im Leben nicht um das Als-ob geht, sondern um das Wie.

Der Beginn echter Demut ist das Staunen; der Demütige sieht seine eigene Winzigkeit gegenüber all dem Großen und Wunderbaren, das in der Welt wahrnehmbar ist. Er hat sich in seinem Herzen etwas Kindliches bewahrt, eine Grundfröhlichkeit, die dem Hochmütigen fremd ist. Doch er fällt nicht in die falsche Demut unaufrichtiger Selbsterniedrigung, über die der savoyische Heilige Franz von Sales in seiner Philothea, seiner »Anleitung zum frommen Leben«, schreibt: »Wir sagen oft, dass wir nichts sind, das verkörperte Elend und das Schlechteste auf der Welt; wir wären aber sehr betroffen, wenn man uns beim Wort nähme und uns öffentlich als das hinstellte, was wir uns selbst genannt haben. Wir tun, (...) als wären wir die Letzten und möchten ganz unten am Tisch sitzen, aber nur um leichter aufrücken zu können. Wahre Demut will nicht demütig erscheinen und äußert sich kaum in demütigen Worten; (...) Ein wirklich demütiger Mensch hört lieber andere sagen, dass er unbedeutend, armselig und zu nichts nütze ist, als es selbst von sich zu sagen; (...)«[33]

Die echte Demut äußert sich immer auch in der freiwilligen Einschränkung und im Verzicht.

Verzicht

Innerhalb eines von der reinen Messbarkeit bestimmten Weltbildes bekommt die alte Todsünde der Habgier eine ganz neue Bedeutung: An dieser Stelle nun geht es um die Tugendseite, auf die der Habgierige wechseln sollte. Die Tugendseite zur Habgier ist der Verzicht.

Der Verzicht ist eine Tat, die aus der Demut erwächst. Verzicht hat sehr viel mit Selbstrücknahme zu tun, mit dem freiwilligen Beiseitetreten in dem Wissen, dass es befreiend und auf Dauer auch weniger anstrengend ist, sich nicht so wichtig zu nehmen oder immer im Mittelpunkt stehen zu müssen. Wer wirklich verzichten kann, muss daran glauben, dass es mehr gibt als dieses eine Leben. Der Verzicht ist seit alters her immer auch eine prophetische Tat, ein Ausdruck der festen Überzeugung, dass wir hier auf Erden nicht alles haben müssen, weil die Fülle des Lebens – religiös: das ewige Leben – erst noch kommt. Der Verzicht ist die konkrete Form der Askese, über die wir oben schon sprachen.

In seinem Verweischarakter dokumentiert der Verzicht eine Weltsicht, die sich von der heute üblichen unterscheidet. Durch das mechanistische Weltbild ist nämlich eine strikte Trennung von Diesseits und Jenseits etabliert worden, die der Allgegenwart Gottes, wie sie alle Religionen voraussetzen, widerspricht. Der Verzicht als Tugend stellt nun die alte Verbindung, die zwischen Diesseits und Jenseits immer geschen worden ist, wieder her. Der Verzicht verweist darauf, dass die diesseitige und die jenseitige Welt miteinander verwoben sind, oder – um es in den Begriffen der Mengenlehre zu sagen – dass das Diesseits eine Teilmenge der Ewigkeit ist. Die Ewigkeit tritt gewissermaßen mit der Tarnkappe der Zeitlichkeit bereits in unserer diesseitigen Welt in Erscheinung. Dieser Verweischarakter des Verzichts zeigt, dass dem christlichen Weltbild ein ganz anderes Seinsverständnis zugrunde liegt als dem heute vorherrschenden mechanistischen Weltbild.

Gerade in der Wirtschaft muss der Verzicht als Tugend wieder sichtbar werden, damit sie ein glaubwürdiges und menschliches Gesicht bekommt. In jüngster Zeit ergeht ein nicht mehr zu überhörender Appell zum Verzicht an Wirtschaftsmanager. Das Gros der kleinen und mittleren Angestellten will in diesem freiwilligen Verzicht auf überzogene Millionengehälter ihrer Manager ein deutliches Zeichen gesetzt bekommen, dass ihre Führungskräfte noch richtig ticken (um es einmal mechanistisch zu formulieren). Die Angestellten wollen in dem geforderten Gehaltsverzicht ihrer Manager eine Geste sehen, die dokumentiert, dass es auch für ihre Vorgesetzten Wichtigeres als die Vermehrung des eigenen Besitzstandes gibt. Das Verzichtenkönnen als Tugend ist angesichts hoher Managergehälter, am Fiskus vorbei und nach Liechtenstein geschleuster Gelder und einer weiteren Diäten-Erhöhung im Bundestag in jüngster Zeit in die öffentliche Wahrnehmung gerückt. Gerade im Kontrast zur allfälligen Habgier muss es wieder Vorbilder im Verzicht geben – übrigens nicht nur bei Managern, sondern auch bei Politikern.

Diese haben immerhin im Mai 2008 ein Zeichen gesetzt, als sie auf die bereits mehrheitlich im Bundestag beschlossene Diätenerhöhung der Abgeordneten aufgrund des Drucks der Öffentlichkeit verzichteten. Dieser – wenn auch erzwungene – Verzicht ist den Politkern gut bekommen und hat ihnen ein wenig Glaubwürdigkeit zurückgegeben.

Dies sind Beispiele dafür, wie der Verzicht als Tugend wirkt. Der Verzicht macht die Politik und die Wirtschaft menschlicher. Er ist ein Zeichen, aufgrund dessen der Neid geringer und der Frust vieler Menschen erträglicher wird. Der Verzicht kann den menschenverachtenden Zynismus aus dem System der globalisierten Marktwirtschaft herausnehmen – wenigstens partiell.

Der Verzicht ermöglicht es, von den reinen Rechengrößen wie Jahresgehältern, Umsätzen, Margen, Bruttoinlandsprodukt, Außenhandelsbilanz usw. wieder das zu sehen, was wirklich wichtig ist: jeder einzelne Mensch und sein Weg zum Sinn und zu einem sinnerfüllten Leben.

Heinrich Nordhoff, der verstorbene ehemalige Vorstandsvorsitzende der Volkswagen AG, hat die Aufgabe des Unternehmers in Bezug auf die Menschen so formuliert: »Den Wert eines Unternehmens machen nicht Gebäude und Maschinen und auch nicht seine Banknoten aus. Wertvoll an einem Unternehmen sind nur die Menschen, die dafür arbeiten, und der Geist, in dem sie es tun. Maschinen kann man nach Katalog kaufen, so schön und teuer, wie man sie bezahlen kann; aber den Geist, den Stil, das Unwägbare eines Unternehmens kann man für kein Geld der Welt kaufen – das muss man selber schaffen, da fehlt es allerdings nicht an Verzweiflungen und Beglückungen und nicht an schlaflosen Nächten, aber das ist die Aufgabe, die wahrhaft des Schweißes der Edlen wert ist.«[34] Die Tugend des Verzichts kann diese Sichtweise des Menschen möglich machen, und genau deshalb ist der Verzicht unverzichtbar.

Der Verzicht zeigt, dass es in der Wirtschaft neben der Produktion von materiellen Gütern auch um die Produktion von Vertrauen und Glaubwürdigkeit geht. Ein Unternehmer handelt glaubwürdig, wenn er das technisch und unter wirtschaftlichen Aspekten Machbare so weit verwirklicht, wie es ökologisch vertretbar und ethisch verantwortbar ist. Diese Prinzipien Tag für Tag in der Praxis umzusetzen verlangt viel vom Unternehmer. Wenn er diese Werte glaubhaft vorleben will, so muss er bereit sein zum Verzicht.

Mehr denn je wird in Zukunft die Existenz eines Unternehmens von der Fähigkeit zum Verzicht abhängen. Der Verzicht ist jene Tugend, die dazu verhilft, dass sich ein Unternehmen auf das Wichtige konzentrieren und Unwichtiges beiseite lassen kann.

Ich kenne Unternehmer, die sich bereits wieder vom asiatischen Markt zurückgezogen haben, weil sie die dortigen Arbeitsbedingungen für nicht tolerabel hielten. Ein Unternehmer, der so handelt, verzichtet tugendhaft auf bestimmte wirtschaftliche Vorteile, weil diese nicht in die ethische Gesamtkonzeption der Firma passen. Die persönliche Glaubwürdigkeit eines Unternehmers und die Firmenethik hängen auch von solchen Entscheidungen zum Verzicht ab.

Mittel- und langfristig zahlen sich ethische Prinzipien für das Unternehmen aus. Es wird immer mehr Konsumenten geben, die mittels ihres Kaufverhaltens derartige Entscheidungen respektieren und unterstützen. »Lohas« werden solche Menschen genannt, die einen »Lifestyle of Health and Sustainability«[35] für sich reklamieren, denen Gesundheit und Nachhaltigkeit beim Konsum wichtig sind. Immer mehr Menschen wollen wissen, unter welchen Umständen die Produkte in ihrem Einkaufskorb hergestellt wurden. Ob Kinderarbeit oder die Verwendung von giftigen Materialien ausgeschlossen werden können und ob die Mitarbeiter fair behandelt werden oder nicht. Wie groß die Macht der Verbraucher in diesem Punkt ist, zeigt der Skandal um die Überwachungskameras bei der Discounter-Kette Lidl. Das erfolgreiche Unternehmen hat mit der Enthüllung dieser Praxis das Vertrauen der Kunden verloren, spürbare Umsatzeinbußen waren die Folge. Ein gesundes Unternehmen muss deshalb immer auf zwei Beinen stehen: einem ausreichenden Sach- und Eigenkapital und einem Fundament mit großem Vertrauenskapital.

Viele Konsumenten verzichten gerne auf einen preiswerten, von Kinderhänden handgeknüpften Teppich, sie verzichten auf das billigste T-Shirt made in Asia und geben bereitwillig mehr Geld aus, um als Käufer ihre ethischen Prinzipien zum Ausdruck zu bringen.

Wer das nicht glauben will, der kann sich gerne im Internet auf der vor einem halben Jahr online gegangenen Website *utopia.de* umsehen. Es ist das von Claudia Langer initiierte »Internetportal für strategischen Konsum«, das nicht nur über ökologisch wie ethisch sinnvolle Produkte informieren will, sondern über 15 000 angemeldete Mitglieder verfügt, die sich diesbezüglich austauschen. Sie appellieren wenigstens indirekt an die Unternehmer, und diese wären gut beraten, derartige Meinungsäußerungen nicht leichtfertig zu übergehen. Dahinter steckt ein großer Markt. Unlängst hat der Burda-Verlag mit »Ivy« ein eigenes Magazin für diejenigen getestet, die kontrollierte Konsumfreude mit ethischer Verantwortung verbinden.

An erster Stelle dieser Lebenshaltung aber steht der Verzicht auf einen bestimmten, schädlichen Lebensstil. Der Verzicht hat immer auch mit der Abkehr vom verkehrten Streben zu tun und soll auf den richtigen Weg führen.

An dieser Tragweite der Tugend des Verzichtes wird deutlich, in welcher Verantwortung Unternehmer und Konsumenten stehen.

In diesem Zusammenhang hat der Burda-Konzern verlauten lassen, dass seinen Marktstudien zufolge 21 Millionen Deutsche »einen ökologisch orientierten, gesundheitsbewussten und trotzdem genuss- und konsumbejahenden Lebensstil pflegen«.[36] Darin äußert sich die neue Fähigkeit zum Verzicht auf Güter, die aufgrund unmenschlicher und ungerechter Bedingungen billiger auf unserem Markt zu haben wären.

Der Verzicht macht sympathisch. Er kommt dem, der sich zurücknimmt, zugute und stärkt den Charakter. Als schöner Begleiteffekt führt der Verzicht zur Gelassenheit, jenem tugendhaften Pendant zur Todsünde des Zorns.

Nicht die Habgier wird den Menschen frei machen, sondern die Fähigkeit zum Verzicht. Wer verzichten kann, der zieht andere Menschen an, er vermittelt Stärke und Gelassenheit, schenkt Freiheit und nimmt Ängste. Wer verzichtet, kann Wunder sehen, wo der Habgierige blind geworden ist. Die Fähigkeit zum Verzicht macht großherzig. Der Großherzige kann Menschen um sich scharen, wo der, der nicht verzichten kann, in kalter Einsamkeit nur die seelenleeren Objekte seiner Gier sammelt.

Ein Wort am Ende

Erich Kästner hat einmal in Versform den Weg des Menschen vom behaarten Baumhocker bis zur Moderne beschrieben.

> Einst haben die Kerls auf den Bäumen gehockt,
> behaart und mit böser Visage.
> Dann hat man sie aus dem Urwald gelockt
> und die Welt asphaltiert und aufgestockt
> bis zur dreißigsten Etage.

So beginnt das sechsstrophige Gedicht und führt dann weiter aus, wie sich der Mensch zivilisiert. Er lebt in zentralgeheizten Räumen und telefoniert. Aber »es herrscht noch genau derselbe Ton wie seinerzeit auf den Bäumen«.

Vier weitere Strophen folgen, in denen viele Errungenschaften der Zivilisation genannt werden: die Technik, die Hygiene und die Bildung, die Raumfahrt, der medizinische Fortschritt und die Archäologie. Alles läuft auf die letzte Strophe hinaus, in der es dann heißt:

> So haben sie mit dem Kopf und dem Mund
> den Fortschritt der Menschheit geschaffen.
> Doch davon mal abgesehen und
> bei Lichte betrachtet sind sie im Grund
> noch immer die alten Affen.

Man kann nicht umhin, diesen Schluss irgendwie für stimmig zu halten. In der Tat erbringen ja viele Menschen durch ihr Benehmen diesen Abstammungsbeweis ständig neu. Schlechte Manieren rücken ihn sehr nahe an das, was wir aus dem Tierreich kennen.

Schlechtes Benehmen galt immer schon als Zeichen für den moralischen Verfall, durch den ein Mensch sich selbst auf animalisches Niveau herabwürdigt.

Denn auch wenn es in uns gewisse Grundanlagen gibt, die mit denen von Tieren übereinstimmen mögen, so hat der Mensch doch die Möglichkeit, aus seinen Anlagen etwas zu machen. Sonst hätte die Hoffnung im Leben keinen Platz. Es gehört zum Wesen des menschlichen Seins, dass sich der Mensch entwickeln kann. Er kann reifen und geistig wachsen. Darin unterscheidet sich menschliches Sein von allem anderen.

Der Mensch ist eben nicht so Mensch, wie Wasser H_2O ist. Der Mensch ist nicht statisch. Er ist nicht mit einer chemischen Formel zu beschreiben und nicht einfach aus Grundbausteinen zusammengesetzt.

Natürlich hat jeder Mensch bestimmte Grundanlagen. Dazu hat ja die Genbiologie in den vergangenen Jahren Entscheidendes gesagt. Aber die Genetik allein begründet und entschuldigt nichts. Die genetische Disposition eines Menschen entzieht sich jeder moralischen Einordnung oder Bewertung. Die Anlagen, die ein Mensch hat, sind gewissermaßen neutral. Sie liegen vor jeder ethischen Bemessung. Für seine Anlagen kann ein Mensch nichts. Aber er kann durchaus etwas dafür, wenn aus diesen Anlagen nichts wird, oder wenn sie zum Bösen statt zum Guten führen – um es einmal plakativ zu sagen.

In jedem Menschen schlummert das Potenzial zum Heiligen oder zum Verbrecher. Und es liegt nicht einfach nur in seinen Genen, ob der Mensch ein Gangster wird oder ein leuchtendes Vorbild im Guten. Was aus einem Menschen wird, ist nämlich nicht so fixiert, wie in einem Samenkorn die spätere Pflanze oder Blume genetisch angelegt ist. Denn beim Menschen spielt sein eigener freier Wille eine bedeutende Rolle.

In jüngster Zeit hat gerade dieser freie Wille, die letzte Bastion der Philosophie, schweren Anstürmen der Gehirnforschung standhalten müssen. Neurobiologisch betrachtet scheint es nämlich mit der Freiheit des Menschen gar nicht so weit her zu sein, wie es philosophisch immer wieder beschworen wurde. Schon 1982 haben der Hirnforscher Benjamin Libert und seine Kollegen in einem Experiment zeigen können, dass im Gehirn kleine Ströme fließen, die der bewussten Entscheidung einige hundert Millisekunden vorausgehen. Die Forscher leiteten von diesem Messergebnis die Ansicht ab, dass der freie Wille immer zu spät komme. Die Fähigkeit, freie Entscheidungen treffen zu können, sei nichts als eine Illusion des Menschen. Bestätigt werden diese Forschungen neuerdings von dem Berliner Kognitionsforscher John-Dylan Haynes und seinen Kollegen. Diese sprechen sogar von mehreren Sekunden Differenz zwischen der Vorentscheidung im Gehirn und der vermeintlich freien Entscheidung des Menschen.

Es wird wohl in den kommenden Jahren eine spannende Diskussion werden, inwiefern diese naturwissenschaftlichen Erkenntnisse den philosophischen Freiheitsbegriff tatsächlich verändern und welche Antwort die Philosophie findet. Oder kommt hier nur wieder einmal das mechanistische Weltbild daher und versucht uns, allen empirischen Erfahrungen zum Trotz, weiszumachen, dass alles – selbst das menschliche Gewissen – in einem vom Menschen nicht zu kontrollierenden Mechanismus abläuft?

Ich betrachte es als einen Akt menschlicher Freiheit, das verantwortungsvoll zu vollenden, was in ihm grundgelegt ist. Diese Entfaltung und Vollendung geschieht mittels der Tugend. Sie ist jene innere Haltung, die sich der Einzelne abverlangen muss, wenn er seine persönliche Entwicklung nicht dem Zufall oder irgendwelchen Rechenvorgängen im Gehirn überlassen will.

Nun zeigt aber die menschliche Erfahrung, dass der Weg zum Guten stets angefochten ist und auf eigentümliche Weise sehr viel Kraft erfordert. Wir wissen, dass man sich um das Gute bemühen muss. Hingegen geht die Entwicklung zum Bösen wie von selbst.

Ich habe einmal erlebt, wie ein erwachsener Mann und Vater mehrerer Kinder damit Eindruck zu schinden versuchte, dass er in einer größeren Runde offen zugab, eine hohe Affinität zum Kriminellen zu haben. Ein Narr, wer dem Bewunderung zollt. Wie tief muss jemand gesunken sein, wenn er mit seiner moralischen Verkommenheit prahlen muss, als befände er sich in der Gesellschaft von Räubern und Piraten? Darf es ernsthaft der Gegenstand von Wichtigtuerei sein, dass jemand nicht an sich arbeitet?

Tugend kommt von taugen. Folglich ist jemand, der keine Tugend hat, ein Taugenichts. So einfach ist das – wenigstens sprachlich.

Keinem Menschen wird die Erfahrung erspart bleiben, dass in ihm selbst und um ihn herum vieles nicht in Ordnung ist. Es ist nicht von der Hand zu weisen, dass es im Leben sehr viel Leid, Durcheinander und Chaos gibt. Gleichzeitig lehrt die Erfahrung, dass man die Unordnung nicht auf sich beruhen und den Dingen nicht einfach ihren Lauf lassen kann. Deshalb soll die Tugend nicht nur einer Welt standhalten, die nicht von selbst in Ordnung ist, sondern sie soll auch Ordnung in die Unordnung bringen – sowohl bei sich selbst als auch um sich herum.

Das ordnende Eingreifen des Menschen in die Welt gehörte schon in der griechischen Philosophie zu dem Akt, der notwendig ist, um das Ziel des Glücklichseins zu erreichen. Viele der Rahmenbedingungen dafür, den Zustand des Glücklichseins zu erreichen, muss der Mensch selber schaffen. Und dazu ist die Tugend unabdingbar.

Glücklich wird der Mensch nur, wenn er sich nach Kräften um die Verwirklichung des Guten müht. Deshalb ist seit alters her gewiss, dass sich das Glück nur auf dem Weg der Tugend finden lässt, mehr noch: Das Bemühen des Menschen um Tugendhaftigkeit macht ihn letztlich glücksfähig. Das Glück nämlich hat seine Ursache nicht in bestimmten Gütern, weil ja derjenige, der solche Güter hat, sich nicht notwendigerweise glücklich fühlen muss. Glück beruht vielmehr auf einer Glücksfähigkeit, die weitgehend unabhängig ist vom äußeren Besitz und auch durch das Streben nach Glücksgütern nicht erreicht wird.

»Das wirkliche Glück kommt immer von anderer Seite, als man es meint. Es liegt immer da, wo man es nicht sucht. Es kommt immer als Geschenk und lässt sich dem Leben nicht abringen oder abtrotzen. Es liegt in der Wertfülle des Lebens, die immer da ist. Es öffnet sich dem, der den Blick auf diese Wertfülle richtet.«[37]

Das Glück lässt sich auf dem Weg der Tugenden finden, aber die Tugendhaftigkeit selbst ist nicht das Glück. Sie befähigt den Menschen zum Glück und sie kann dazu beitragen, dass das Glück des Menschen nicht zu flüchtig ist. Gelingt es dem Menschen, durch die Tugenden glücklich zu werden, dann hat seine Tugendhaftigkeit ihm das Größte gegeben, was sie geben kann: die unverbrüchliche Gewissheit, dass es ein Leben vor dem Tod gibt, in dem man glücklich sein kann, ohne den Blick darauf zu verlieren, dass das letzte Glück, das die Theologen so gerne Himmel oder Ewigkeit nennen, noch aussteht.

Anmerkungen

1 Kor 6, 9b–10.
2 De quinque septenis seu septenariis, Migne, Patrologia Latina 175, Sp. 405–414.
3 Vgl. Kluge, Etymologisches Wörterbuch der deutschen Sprache, ^{24}2002, S. 849.
4 Viktor Frankl: Der Mensch vor der Frage nach dem Sinn, München 1979, S. 47 f.
5 http://personalblog.kaywa.com/p376.html.
6 Europäisches Parlament, Generaldirektion Wissenschaft, »Mobbing am Arbeitsplatz« (Arbeitsdokument) Seite 14, siehe: http://www.europarl.europa.eu/workingpapers/soci/pdf/108_de.pdf.
7 Neue Zürcher Zeitung, 10. November 2007.
8 Papst Benedikt XVI., Enzyklika Spe Salvi, 2007, Nr. 18.
9 Ebd.
10 Ebd., Nr. 20.
11 Ebd.
12 Ebd., Nr. 21.
13 Ebd., Nr. 24.
14 Ebd.
15 Ebd.

16 Auf den hier vorgelegten Grundgedanken hat mich Uwe Pörksen mit seinem Buch »Plastikwörter – die Sprache einer internationalen Diktatur«, Stuttgart 1988, gebracht.
17 Hedwig-Maria Winkler und Erwin Brandes (Hrsg.), »Woher? Wohin? Was ist der Sinn?«, Metzingen 1976, S. 38 f.
18 Gerhard Schulze, »Die Erlebnisgesellschaft – Kultursoziologie der Gegenwart«, Frankfurt/New York 1992.
19 Heinrich Böll, geschrieben für eine Sendung des NDR zum »Tag der Arbeit« am 1. Mai 1963, zitiert nach: Heinrich Böll, Werke: Band IV, Romane und Erzählungen 1961–1970, Köln 1994, S. 267–269.
20 Frankfurter Allgemeine Zeitung, 11. Juni 2008, Beilage: Natur und Wissenschaft, N2.
21 Statistische Angabe der »Schutzgemeinschaft der Kapitalanleger«, Quelle: Internetseite der SdK.
22 Vgl. brandeins – Das Wirtschaftsmagazin 1/2008, »Der Furz des Härings«, S. 112–115.
23 Frankfurter Allgemeine Zeitung, 27. August 2007.
24 »Wir sind ein Teil der Erde – Die Rede des Häuptlings Seattle an den Präsidenten der Vereinigten Staaten von Amerika im Jahre 1855«, Freiburg 1991, S. 8 f.
25 Hohelied 8, 6–7.
26 Röm 1,20 a.
27 Vgl. Andreas Rother, Unternehmensphilosophie in Textbausteinen, Redline Wirtschaft 2003.
28 Zunächst bei den Pythagoreern, Kynikern und Stoikern, vgl. Johannes Hoffmeister, Wörterbuch der philosophischen Begriffe – Philosophische Bibliothek Band 225, Hamburg, Nachdruck der 2. Auflage von 1955, S. 80.
29 Zitiert nach: Die Regel des Heiligen Augustinus, Augustinus-Verlag Würzburg, ohne Jahresangabe, Kap. 2.
30 Lukas 15, 8–9.
31 Lukas 15, 10.

32 Tobias Brocher, Von der Schwierigkeit zu lieben, Stuttgart/Berlin 1975.

33 Philothea III, Kap. 5, 2.

34 Zitiert bei: C. G. Fetsch, Wirtschaftliches und soziales Handeln im Unternehmen, in: Das Ethos des Unternehmers, hrsg. von Lothar Roos und Christian Watrin, Trier 1989, S. 27–39, 35 f.

35 Vgl. Frankfurter Allgemeine Zeitung, 19. Mai 2008, S. 40.

36 Vgl. www.horizont.net vom 28. November 2007, »Burda testet öko-lifestyle Magazin ›Ivy‹«.

37 Nicolai Hartmann, Ethik, Berlin [2]1926, S. 87.

Econ ist ein Verlag
der Ullstein Buchverlage GmbH

ISBN 978-3-430-20055-4

Gesetzt aus der Caslon und Futura Condensed
Satz: LVD GmbH, Berlin
Druck und Bindearbeiten: CPI – Clausen & Bosse, Leck
Printed in Germany

Über die dramatischen Irrtümer der Umweltpolitik

Hans-Werner Sinn · **Das grüne Paradoxon**
Plädoyer für eine illusionsfreie Klimapolitik
300 Seiten, Hardcover (mit Schutzumschlag)
€ [D] 22,00 · € [A] 22,70
ISBN 978-3-430-20062-2

Die Politiker irren, wenn sie glauben, ihre Klimaschutz-Programme könnten unsere Erde retten. Sie sitzen dem grünen Paradoxon auf: Denn die Erderwärmung steigt, je umweltfreundlicher wir leben. Der ifo-Präsident Hans-Werner Sinn erklärt, warum die »grüne« Politik kontraproduktiv wird, wenn sie einen wichtigen ökonomischen Aspekt ignoriert: das Gesetz von Angebot und Nachfrage. Mit schlagenden Argumenten beseitigt Sinn die blinden Flecken in einer wichtigen Debatte.

»Einer der besten Ökonomen unseres Landes«
Handelsblatt

Econ